SCIENCE AT YOUR SIDE S
科学在你身边

盛文林文化◎编著

让你增长见识的
科学趣闻

利用身边自然科学资源，培养学生科学创造能力。
以学生兴趣和内在需要为基础，
充分挖掘身边资源，
提高学生的综合素质能力。

延边大学出版社

图书在版编目（CIP）数据

让你增长见识的科学趣闻 / 盛文林文化编著. —延
吉：延边大学出版社，2012.6（2021.4 重印）
（科学在你身边系列）
ISBN 978-7-5634-4922-4

Ⅰ．①让… Ⅱ．①盛… Ⅲ．①科学知识－普及读物
Ⅳ．① Z228

中国版本图书馆 CIP 数据核字（2012）第 125472 号

让你增长见识的科学趣闻

编　　著：盛文林文化
责任编辑：李东哲
封面设计：映像视觉
出版发行：延边大学出版社
社　　址：吉林省延吉市公园路 977 号　邮编：133002
电　　话：0433-2732435 传真：0433-2732434
网　　址：http://www.ydcbs.com
印　　刷：三河市祥达印刷包装有限公司
开　　本：16K 155 毫米 ×220 毫米
印　　张：11 印张
字　　数：120 千字
版　　次：2012 年 6 月第 1 版
印　　次：2021 年 4 月第 3 次印刷
书　　号：ISBN 978-7-5634-4922-4
定　　价：36.00 元

前 言

　　科学是运用范畴、定理、定律等思维形式反映现实世界各种现象的本质和规律的知识体系，是社会意识形态之一。科学讲求证据，是逻辑严密的人类认知。

　　科学的诞生和人类的历史基本上一样久远。据考古发现，大约距今30万年前，原始人就在制造石器的过程中，开始了认识自然、改造自然的实践活动。在距今一两万年前，原始人发明了新的劳动工具——弓箭。弓箭的发明对人类社会的发展和科技的进步有着十分重要的作用。一方面原始人类利用弓箭有组织地狩猎，提高了生产效率，而剩余的猎物则被饲养起来，使人类由狩猎进入畜牧的时代；另一方面利用弓弦绕钻杆打孔的方法钻木取火，又发明了摩擦生热的制火技术，不仅极大地提高了原始人类的生活质量，而且增加了生产的手段；用火炼制黏土，发明了制陶技术；用火熔化铜和铁，制造出金属农具，使原始人类结束了迁徙不定的生活，进入自给自足的农业社会，从而开始了人类5000年的文明史。

　　本书综观古今，涉猎全局，在浩如烟海的历史资料里，择其能够使读者增长见识，给人以启迪的科学发明、发现，以及科学家的趣闻轶事汇编成书，希望读者读完本书能有所收获，对自己的学业、事业，人生观、世界观

的正确树立有所裨益。

在汇编成书过程中，鉴于各方面的原因，书中不免会有疏漏或不当之处，欢迎读者批评指正。

目 录

局外人的功劳

联想——科学的金钥匙

古人智慧结晶

GU REN ZHI HUI JIE JING

发明陶器的故事

据考古发现，早在一万年前，中华祖先就已经能够制造陶器了。陶器的发明，是新石器时代开始的重要标志之一，也是当时经济发展的必然产物。

据说，陶器是春秋时期的范蠡发明的。范蠡是越王勾践的重要谋臣。他曾经辅佐越王勾践，卧薪尝胆，一举打败吴国。但是，胜利后的勾践只图保存自己的势力，对昔日的有功之臣存有戒心，后来，甚至动了杀害范蠡的念头。

"飞鸟尽，良弓藏；狐兔死，走狗烹。"范蠡看清了勾践的为人，便决定离开官场，隐迹江湖。于是，他驾着一叶扁舟，渡过太湖，隐居在江苏宜兴的一个小村庄里。

范蠡在村里住下之后，跟当地的老百姓一起早出晚归，辛勤耕耘。有一天，他在村外的黄龙山上开荒，见那里的泥土又细又黏，跟别处不同，心想：要是把这些泥巴捏制成各式各样的模坯，再用火烧一烧，不就可以把泥土变成有用的东西了吗？于是，他就捎了点山上的黏土回去做试验，效果果然不错。

于是范蠡发动众人一起琢磨黄泥

范蠡

巴，他们用山上的黄泥做成各式各样的缸、盆、罐、碗、杯、壶，又在黄龙山下造了一座火窑，把土坯放在窑里烧。烧到一定火候，再慢慢冷却，这样，土坯就变成了各种既好看又耐用的陶器。这种黄泥也就被称做"陶土"。

从此，江苏宜兴就盛产陶器，老百姓可以拿它换饭吃了，日子过得红火起来。

传说归传说。其实陶器出现的真实年代，远比传说中的要早。据近代的考古发掘资料证明，距今6000年左右，在我国原始社会的母系氏族公社时期，从黄河流域到长江中下游地区的广阔的大地上，陶器已被普遍使

春秋战国陶器精品——刻菱

用。

陶器的制作加工，最初是用手把黏土涂在竹编或木制的器物上面，阴干或晒干之后，再用火烧，就成了比较经久耐用的陶器。

随着人类社会生产力水平不断提高，陶器的质量也越来越高，用途也越来越广。到了战国时代，陶器有了精巧细致的图案花纹，甚至还刻上了山水花鸟等图案。后来，陶器工人在生产实践中发现和利用了"釉"，使陶器质量又跃进了一大步，并为瓷器的出现提供了条件。

陶器的出现和改进，极大地丰富了人类的生活，直到现在，我们还喜欢用陶制的紫砂茶壶来沏茶待客。

云南白药的发明

云南白药有活血散瘀、止血愈伤、消肿镇痛的功能，是治疗跌打损伤、创伤出血的特效药。云南白药不仅在国内久负盛名，在国际上也被视为一种珍品。云南白药，原来是以发明者的名字命名的，叫"曲焕章白药"。

1878年，曲焕章出生在云南省江川县赵官村。七岁时，他父母双亡，为了活命，他沿街乞讨，过着饥一顿饱一顿的日子。

16岁那年，乡邻们看曲焕章实在可怜，大家就凑了几个钱，让他做点小生意。有了钱，曲焕章犯愁了，他不知做什么生意。隔壁的黄大婶对他说："孩子，你可以弄点布上街卖，也许能赚点钱。"

曲焕章听了黄大婶的话，就走上街头以卖布为生。几天下来，他连一块布头也没卖掉。一天逢集，赶集的人很多，正是他卖布的好时机。曲焕章在人头攒动的街上穿来跑去，沿街叫卖。

一直跑到中午，曲焕章才卖出一块布。他已三天没吃饭了，又饿又累，叫着叫着，他突然觉得头晕眼黑，一头栽倒在街头。

人们围了上来，七嘴八舌地议论着：

"这是谁家的孩子，真可怜。"

"哎呀，这孩子恐怕是没救

曲焕章

了。"

这时，一个赶集的乡村医生拨开人群挤了进来，他给曲焕章搭了搭脉，喃喃自语地说："有救，有救，他是饿昏了。"

没有多久，乡村医生把曲焕章救活了。无家可归的曲焕章被那位乡村医生收留了下来。从此，曲焕章就拜那位医生为师，弃商学医了。

曲焕章勤奋好学，很快他对学医产生了浓厚的兴趣，有些草药不等老师教，他就能辨认出来，还能说出它的功能和作用。

两年过去了，在老师的指导下，曲焕章学会了给人看病，制药配方。

一天下午，他送走了最后一个病

人，背上竹篓上了后山。这几天，家里的药用完了，他得赶忙抽空上山采一些回来。

曲焕章沿着山腰，一边采药，一边向上攀登。不知不觉日头落下西山，他坐在一块大石头上喘了一会儿气，便掉头下山了。走着走着，天色暗了下来，走过一片深草丛，他看见草丛深处卧着一个庞然大物，定睛一看，是一只正在打盹的老虎。曲焕章吓出一身冷汗，他想扭头逃走，可又怕惊醒了老虎。忽然，他转念一想：要是把这只老虎打死，虎骨虎肉都是名贵药材！想到这，曲焕章反而不怕了，他搬起一块大石头，悄悄地向老虎走过去，还没等老虎睁眼，他举起石头猛力朝老虎砸去。

这一下可不轻，老虎连一声也没叫出来。就瘫在地上。曲焕章见老虎被打昏了，便大胆地走过去，用挖药的铲子对准老虎的头，又是一阵猛敲，老虎再也不动了。

曲焕章料定老虎必死无疑，就弯下腰想把老虎拖下山。可这只老虎又大又重，他拖不动。这时，夜色已深，他赶忙下山回家。

第二天凌晨，曲焕章请了几个村民，打算上山把死虎抬下来。但是，他们来到老虎躺着的地方一看，那只被打死的老虎已不见踪迹了。原来，

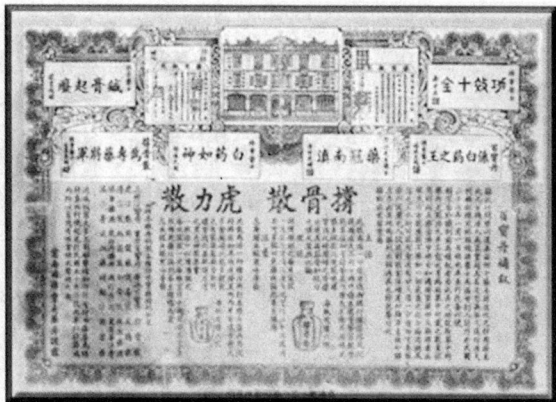

图为20世纪30年代昆明"曲焕章大药房"及当时军政各界所赠题词匾额

那只老虎并没有受到致命伤，所以在苏醒后，带伤跑走了。

这时，曲焕章为自己的一时大意懊悔不已。对医生来说，老虎遍身是宝，哪能甘心得而复失呢！他决定顺迹查找。

曲焕章顺着血迹开始追踪寻虎，跟踪中，他发现多处血迹旁都有老虎嚼剩下的野生植物。曲焕章对此情景陷入了深思：莫非是这种植物有止血愈伤的功能，老虎吃了它才保全了性命？如果是这样，这种植物就有可能制成药来治疗人的外伤。

想到这里，曲焕章失去老虎的懊丧心情一扫而光，他把自己全部注意力都移到了这种野生植物上。

曲焕章一棵也不漏地把这种植物收集起来，带回家进行试验。初步试验证明，这种植物对治疗跌打损伤很有效。一天，同他一起上山的一个村民跌伤了腿，曲焕章给他敷上这种植物。第三天，那个村民伤腿就好了。他感激地说："曲大夫，你这药真灵，我的腿不痛了，还能走路了！"

曲焕章发现这种植物具有奇效功能，但他并不满足已经取得的治疗效果，他决心把这种植物进行精制，使它成为具有更高疗效的真正药品。他花了整整10年时间，用信念和毅力对这种植物进行反复筛选、研制，备尝了研制过程中的酸甜苦辣。工夫不负有心人，1908年，"曲焕章白药"正式生产了，这年他30岁。曲焕章为百姓医疾患、除病痛作出了卓越的贡献。

造纸术的发明

蔡伦，字敬仲，桂阳(今湖南耒阳县)人。性格刚直，好学不倦，公元75年进宫，当了宦官，侍从皇帝和皇妃。

在宫中，蔡伦最喜爱做的事是读

蔡伦

书，他经常偷闲到秘书监找杨太史。杨太史是负责整理文史工作的学士，他对蔡伦的上进与好学极为欣赏。蔡伦做梦也想着有一天能离开皇宫到秘书监。章帝深知他好学，就答应了他的要求，蔡伦在秘书监里阅读了许多古代的书籍。

章帝驾崩，和帝即位，蔡伦升为中常侍，从秘书监调入内宫，参与政事。

蔡伦发明纸，是在永和九年之后的事，由于在秘书监时，看到史官以竹简刻书，极为辛苦，因此，一直想用某种东西代替竹简刻书。

一天清晨，他信步走入后庭，想看看他过去在榕树干上刻过的字。可是，字迹已经模糊不清，原来树浆外溢，风干之后，掩盖了字迹。蔡伦用手轻轻地一撕，居然揭下一层透明胶膜，他忽有所感，反复地观察、搓揉。他想："如果在这层胶膜中加入某种成分，使它的拉力增强，不易裂碎，便可以代替竹简了。""但使用什么成分能增加拉力呢？"蔡伦一直苦思冥想。

由于职务关系，蔡伦可以随时出宫，搜购上等材料。一次他偶然在郊外看见茂密的树，他命人剥取大量树皮，磨成浆粉，经高温蒸煮，然后以固定尺度木模，造成纸型，再曝晒、风干，经过多次试验，最后终于造出了纸。

蔡伦的造纸研究自永元九年到元

东汉造纸流程图

兴初年，共经历了15年之久，在这15年中他经历了无数的失败。发明生产出纸后，当时并没有得到流行，直到6年后，才在全国采用。

中国的造纸术先传到朝鲜、越南，约公元610年传到日本，后又传到阿拉伯国家。12世纪中叶，再传入欧洲，400年后又传到了美洲。纸的发明大大促进了世界科学文化的传播和交流。被列为中国的四大发明之一。

玻璃的发明

很久很久以前，埃及有一位名叫哈舍苏的女王，32岁那年就死去了。按照古埃及的风俗，她的遗体被做成一具木乃伊，放进石棺，封藏到了一个秘密的山洞里。据说，随同女王下葬的有许多稀世珍宝，其中，以戴在她脖子上的一串项链最为珍贵。

3000年之后，考古学家找到了哈舍苏女王墓，并进行挖掘。果然，考古学家在她的脖子上找到了那串项链。可出乎人们意料之外的是，这串项链的项珠既不是黄金，也不是宝石，而是墨绿色的玻璃！

由此可见，在古埃及时代，玻璃已经诞生了。

那么，玻璃是怎么诞生的呢？

据史料记载，玻璃是古埃及人在创造陶器的过程中，无意之中制造的。

有一次，一个工匠在制陶时，不小心让一个刚刚制好的泥坯沾上了一层苏打粉掺砂粒的混合物。谁知这个泥坯烧好之后，显得格外光滑明亮。从此，工匠们将砂粒掺苏打粉，有的地方涂得很厚，有的地方涂得很薄。

可出炉后，他发现泥坯上涂得多的地方，特别漂亮。

于是，好奇的工匠将浆料制成一个个小球，然后，放到炉里烧制。结果，浆料变成了一个个晶莹剔透的彩球！

这就是世界上最早诞生的玻璃。

这种用火直接烧球状浆料的制玻璃技术，产量非常低，以致在当时，玻璃成为了地位和财富的象征。

古代玻璃碗样

之后，工匠们又发明了制玻璃的新方法：将浆料装在陶罐里，然后再将陶罐放在炉灶上烧，制成液态状的玻璃；将液态状的玻璃取出，经过塑造成形，制成各种玻璃制品。

此后，制玻璃都是用陶罐熔炼。直到19世纪中期，一个工人偶然的失误，改变了玻璃制造的工艺。

一次，一个工人因操作方法不对，将排列在熔炉四周的陶罐打破了几个，只见大量的玻璃液流到熔炉中。

老板得知后，气急败坏，把炉火熄灭，处理掉玻璃液和陶罐碎片，然后再重新点火制造，这要耽搁两个月的时间；不清理一下，继续炼下去，不知会有什么结果。

这时，一个技术员向老板建议：继续炼下去，也许损失更少。老板衡量了一下得失，决定采纳他的意见。

结果，谁也没有想到，这样直接在熔炉内炼出的玻璃丝毫不比在陶罐内炼差，况且，直接在熔炉内炼可以充分利用熔炉内的空间，大大降低了制造玻璃的成本。

从这以后，人们就在炉子里熔炼玻璃了，玻璃的产量也提高了许多。

科学家的故事

KE XUE JIA DE GU SHI

扁鹊的"四诊法"

战国时，有一位名医叫秦越人。他年轻时，拜民间医生和桑君为师，研习医术。从师过程中，他勤奋刻苦、谦虚好问，在老师的悉心点拨下，医术大进。后来，他四处行医，给人治病。由于他诊断准确、药方灵验，仿佛能用肉眼透视人的五脏六腑，于是人们便用传说中黄帝时代名医"扁鹊"的名字来称呼他。这个称号渐渐流传，以致于人们几乎忘记了他的真名。

有一天，扁鹊行医到了齐国境内。齐桓公听说名医扁鹊来了，便接见了他。言谈之中，扁鹊发现齐桓公

扁鹊 秦越人

神医扁鹊

说话时声调有些滞涩，脸色也不大对头。在一番仔细的观察之后，他对齐桓公说："您得病了。"

齐桓公不以为然，说："哪里哪里，我心宽体胖，身体硬朗着呢。"

扁鹊坚持说："您确实得病了，不过目前还很轻微，只在肌肤表面有些病邪，稍微热敷一下，就能治好。"

齐桓公毫不在意，甚至在扁鹊告辞后，对左右说："江湖医生大都徒有虚名，往往靠医治无病的人来炫耀自己的本领。"

过了几天，扁鹊又见到齐桓公。他直盯着齐桓公的脸，凝视片刻，表情严肃地说："您的病已经发展到了肌肉和血液里，若不及时治疗，恐怕要加重。"

齐桓公付之一笑，根本没有把扁鹊的话放在心上。

又过了几天，扁鹊要求朝见齐桓公。一见面，他就焦急地对齐桓公说："如今您的病已侵入内脏，要是再不治疗，就有生命危险了。"

齐桓公一听，右手一摆，干脆下起了逐客令。

扁鹊一片好意，却屡遭冷落。不过，作为一位医生，职业道德促使他又一次求见齐桓公。谁知这次一见齐桓公，他就急忙转身离去。

齐桓公见状，觉得十分奇怪，忙派人去问是怎么回事。只见扁鹊摇着头说："病在体表，热敷就能解决问题；病入血脉，针灸能起作用；即使病入内脏，汤药也可医治。但是，如今齐侯的病已深入骨髓，谁也无力回天了，我还能说些什么呢？"

果然，不出数日，齐桓公病倒，全身疼痛。他急忙派人去找扁鹊。这时，扁鹊已离开齐国。不久，齐桓公就病死了。

还有一个"起死回生"的故事，说的也是扁鹊行医的奇闻。

当时，扁鹊带着弟子来到虢国，正赶上虢国在为猝死的太子大办丧事，举国上下一派悲痛的气氛。

扁鹊来到王宫门口，听见太子的几个侍从官员在私下议论：太子平日身体好好的，怎么突然不省人事、撒手而去呢？扁鹊急忙上前，详细地询问太子发病的经过和尸体的情况。

侍从七嘴八舌对扁鹊说了一番，扁鹊听后，凝神了片刻，便大步流星地往王宫里走，说："快去报告大王，说我也许能将太子救活。"

侍从们半信半疑地将扁鹊迎进王宫。虢国国君正沉浸在痛失太子的悲恸之中，见有人说能救太子，赶紧亲自起身迎接扁鹊。扁鹊仔细地检查了太子的"尸体"，用耳朵贴近太子的鼻孔，果然发现里面若断若续地有一丝气息，鼻翼也在微微翕动，而且大腿根和心窝还有一点点热气；再仔细给太子搭脉，感觉隐隐约约地尚有脉动，只是异常微弱。

根据这些情况，扁鹊断定太子并没有死，只是得了"尸厥症"（就是"休克"），只要救治及时，还有希望。扁鹊连忙吩咐徒弟递过银针，开始在太子的头顶、胸部、手脚等部位的穴道上扎针，又用熨贴药交替热敷在太子腋下，并灌下温热的汤药。

不一会儿，太子就慢慢地苏醒过来，虢国国君高兴万分，连称扁鹊："你真是神医！神医啊！"

扁鹊让太子又连服了二十多天汤药，太子竟然完全康复了。

面对如此高超的医术，人们简直不敢相信自己的眼睛。从此，"起死回生"的美名让扁鹊在青史上流芳千古。

据史籍记载，扁鹊生前曾把前人流传下来的许多诊断疾病的方法加以系统的总结，并归纳成"望、闻、问、切"四种方法，简称"四诊法"。望，就是观察病人的神态、脸色、舌苔；闻，就是听病人说话的声音、咳嗽、喘息，并且嗅病人的口臭、体臭的气味；问，就是询问病情、病史；切，就是搭脉搏和触摸肌肤、胸腹等处。这种"四诊法"直到今天还在普遍使用，是中医辨证施治的重要依据。

锯子从草而来

鲁班姓公输，名字叫般，是春秋战国时期的鲁国人。因为他是鲁国人，而古代"般"字和"班"字通用，所以后人又称他为鲁班。鲁班是我国古代杰出的能工巧匠，也是一位十分伟大的发明家。

鲁班出生于工匠世家，从小就跟着家人学会了多种手艺，特别在木工方面，尤为出色。他既聪明又好学，在他年轻时就成了闻名遐迩的能工巧匠。

传说有一天，鲁班和他的徒弟们接受了一项建造宫殿的任务。这个宫殿要求造得雄伟壮观，工程相当庞大。由于工期特别紧迫，采伐大量树木的工作更是十分紧迫。开始的时候，鲁班率领徒弟们带上斧头，到山上砍伐木料。可是，用斧头去砍又高又粗的参天大树，十分费力。几天下来，师徒们都累倒了。可是，砍下的树木却远远不能满足宫殿建筑的需要。

怎么办呢？鲁班心里开始焦急起来。

这一天，鲁班到一座险峻的高山上去选取用作栋梁的木料。在爬上一个小陡坡的时候，脚下蹬着的一块石头突然摇动了，他急忙伸手抓住了路旁的一丛杂草。只听得"哎呀"一声，他的手被杂草划破了，流出了血来。

"怎么这不起眼的杂草这么锋利呢？"望着手掌上裂开的几道小口子，鲁班陷入了沉思。于是，他忘记了伤口的疼痛，扯直一把草，细细端详，结果发现小草叶子边缘长着许多锋利的小齿。他用这些密密的小齿在手背上轻轻一划，居然又割开了一道口子。

他心念一闪：要是我也用带有许

"怎么这不起眼的杂草这么锋利呢？"

多小锯齿的工具来锯树木，不就可以很快地把木头锯开吗？那肯定比用斧头砍要省力多了。

于是，他就请铁匠师傅打制了几十根边缘上带有锋利的小锯齿的铁片，拿到山上去做实验。他和徒弟各拉一端，在一棵树上来回地锯了起来，果然好用，很快就把树木锯断了。

鲁班给这种新发明的工具起了个名字，叫做"锯"。后来，他又给锯安上了一个"工"字形的把手，用起来可就方便多了。

有了锯，砍伐木头就快多了，宏伟的宫殿也如期竣工。大家都一个劲儿地夸鲁班聪明，不少人开玩笑说："鲁班师傅摔了一跤，抓了一把草，就发明了锯子，真伟大！"

阿基米德巧测王冠

阿基米德，古希腊著名的数学家、物理学家，静力学和流体静力学的奠基人，是一位具有传奇色彩的人物。

公元前287年，阿基米德出生在地中海西西里岛繁华的城市——叙拉古。他的父亲费狄是个天文学家和数学家。自幼他便受到父亲的很好教育。

刚满11岁，阿基米德就被送到尼罗河口的亚历山大里亚城去读书。亚历山大里亚城是当时世界主要学术中心之一，阿基米德在这里学习天文学、数学和力学。

阿基米德很快掌握了所学的知识，并能学以致用，创造发明了许多东西。他在学习天文学的过程中，发明了用水力推动的行星仪，这种行星仪不仅能模仿行星运行，还能将日蚀月蚀准确地演示出来。

当阿基米德看见人们用尼罗河水灌溉田地费时费力，于是他发明了螺旋扬水机，可以将水连续不断地从低处抽到高处，这对当时的农业发展起了很大作用。螺旋扬水机还可以抽船舱的积水，对航运业也有帮助。至今在生活中还在运用，人们将它称为"阿基米德螺旋"。

阿基米德由亚历山大里亚回到他的故乡叙拉古后，做了国王亥厄洛的顾问，帮助国王解决生产实践、军事技术以及日常生活中的科学技术问题。

自从当了亥厄洛国王的宫廷顾问，阿基米德便替国王解决了一个又一个难题。当时位于西西里岛的锡拉库萨王国是希腊的海外领地，是地中海航线上的交通枢纽。阿基米德运

计算中的阿基米德

用杠杆原理，给海港设立了强大的机械系统；为了抵抗日渐崛起的罗马帝国的入侵，他还设计了一种又一种武器，多次击退了罗马大军。照理说，这么多大事都干成了，锡拉库萨王国还有什么事能难住这位睿智非凡的宫廷顾问呢？

亥厄洛国让金匠打制一顶纯金的王冠。王冠制得精美极了，国王高兴之余，又听说这位匠人常常会在黄金里掺进别的金属，虽然整体重量没有少，他却能偷得纯金。国王不肯吃亏，又没有证据，便要阿基米德查一查，王冠究竟是不是纯金打制的。条件是不许损坏王冠，哪怕是掰小小的一块下来也不行。

要不损伤王冠，阿基米德就不能取样跟纯金比较。也不能用试金石查检金的纯度。从表面看，是无法看出金的纯度的，该怎样判定王冠的黄金纯度呢？阿基米德思来想去，一直想不出正确的判定方法来，一连几个星期，他茶饭不思，简直被这个难题迷住了。作为一名科学家，能够遇到这样的机会，阿基米德倒觉得是一种快乐和幸福。

阿基米德心力交瘁，觉得老这样也不是办法，还是调节一下身心，再继续研究吧。于是，他叫来仆人，吩咐给自己准备洗澡水，洗上一个澡，轻松一下再继续研究下去。

阿基米德一条腿刚伸进浴盆，水便溢出盆来，再伸进一条腿，水又漫出来一点，等到洗好澡，盆里的水已经浅了一层。这时候，再把腿伸进盆去，那水却不再溢出来，全身都浸泡在盆里水也没有溢出一点儿来。

看到这些现象，阿基米德思索了这么多日子的问题突然明朗起来。看样子，物体进入水中，一定会排出与体积相等的水，那么，体积越大，排开的水一定更多了。如果把与王冠等重的纯金浸入水中，它排出的水是一定的，如果王冠里掺了别的金属，那些金属的体积一定比纯金大，那么肯定会多排出一些水，两相对比，王冠里有没有假，不就很清楚了吗？

阿基米德一阵欣喜过后，用各种金属放进水盆，计算溢出的水。得出的结论跟自己的想法完全相同，觉得解决王冠的问题已经成熟，便带着必要的仪器进了王宫，测试一下王冠是否纯金制的。

宫殿里，阿基米德请亥厄洛取来纯金，称出跟王冠等重的一块，放进满满一盆水中，这时候，盆中的水开始溢出盆外，阿基米德小心将这些水放进杯中，然后放在天平的一端。然后又把王冠也用同样方法浸出水来，放到天平的另一端，这时候，全体在场的人都清清楚楚看到，王冠所排出的水，显然比纯金的多，天平公正地倾向了一方。

阿基米德向亥厄洛国王禀报："金匠一定在纯金里掺进了比金轻的金属，因此王冠的体积会比纯金大一点，因此排出的水便比同样重量的纯金多。"在事实面前，金匠只得承认自己确实是偷了国王的纯金。

称王冠的案子结束了，沿着用排出液体多少称量物体这条思路，阿基米德继续研究下去，终于总结出了有关浮力的原理：浸在液体中的物体会受到向上的浮力，这种浮力的大小等于物体排开的液体的重量。这就是流体静力学的基本原理之一。

所以，所有能为自己事业献出自己一切的人，总会在事业上有所作为。阿基米德起初只是为了解决王冠真伪的问题，当他解决了这一问题之后，科学家的使命又使他得出了进一步的结论。阿基米德就是这样，在科学上作出了巨大的贡献。

帕斯卡定律的问世

1623年6月19日，帕斯卡出生在法国的克莱蒙·菲朗市。他的父亲艾基纳·帕斯卡是一位博学多才的数学家，良好的家庭环境为他以后的成长提供了不可多得的条件。

帕斯卡从小喜爱数学，通过刻苦钻研，他于1640年发表了《略论圆锥曲线》一文，提出了射影几何学的一个基本定理，这时他才仅仅17岁。

1647年的一天，帕斯卡和几位好友来到他的实验室，看见他要求定做的大木桶已经送来了。他仔细检查了一下，木桶密闭得很好，在大木桶盖的塞子上开了一个小孔并装了一根13米长的细管子，一切都符合要求，帕斯卡满意地点点头。

他让人把木桶抬到实验室外，放在屋檐下，木桶旁边还放着一个梯子。

帕斯卡

"把上盖打开，将木桶装满水。"帕斯卡对他的助手说道。随后，他转过身面对众人说："我之所以要做这个实验，是想验证一下我前些时候提出的流体静力学基本关系式和由这个关系式推导出的一个定律的正确性。"

不一会儿，木桶里装满了水，帕斯卡又让助手将木桶的上盖塞紧，长长的细管直立着冲向屋顶，他手提一壶水，蹬着梯子来到屋顶，站在细管前说道："现在我把水注入到管子里，大家注意看木桶的变化。"

水顺着管子一点点地流入到木桶中，突然，"轰"的一声巨响，水像脱缰的野马一样从木桶中奔流而出，木桶被水压裂了。实验室外的人都张大了嘴，一时间竟无人说话，只听见流水声。

"成功了！"帕斯卡兴奋地喊着，"这证明我的推导是正确的。"

接下来，帕斯卡给大家解释了这一实验。

"木桶之所以会破裂，那是因为注入管内的水对木桶塞子下面的水面加了一个压强，这个压强通过水向木桶内壁的各个方向传递，而水桶内壁某一点上压强的大小等于该点到管内水面之间单位截面水柱的重量。"他略微停顿了一下，接着说："由于压强向流体的各个方向上传递，所以如果将两个截面相差较大的容器连通，在小截面上施加一个很小的压力，大截面上就会产生一个很大的推力。这就像我们在管子里流入水，在管子的小截面施加一个很小的压力，而对木桶的大截面上就产生了一个很大的压力，其方向与小截面的压力方向相反。由于这个压力过大，而使木桶破裂了。"

1648年10月，帕斯卡发表了论文《论液体平衡》。他总结了木桶压裂实验，提出了密闭流体传递压强的定律：加在密闭流体任何一部分的压强，必然按其原来的大小由流体向各个方向传递。这是流体静力学的一

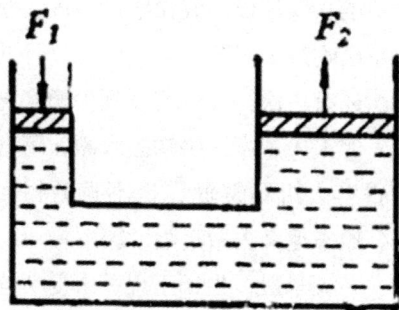

帕斯卡定律示意图

个基本定律，后来人们为了纪念这位伟大的科学家，便将这一定律命名为"帕斯卡定律"。

牛顿煮怀表

伟大的物理学家艾撒克·牛顿于1642年12月25日出生在英国东南部林肯郡格兰汉镇附近羊毛村一个农民家里。

牛顿的父亲在儿子出生前3个月就因病去世了。牛顿生下时只有3磅重，母亲担心这个孱弱的孩子活不下来，但他顽强地活了下来。

两年后，母亲改嫁给邻村的一个牧师，牛顿只得与外祖母相依为命。

上小学时，牛顿初时学习一般，但他对手工制作的兴趣很浓，他的零用钱都攒下来买了锤子、锯子、钳子，成天敲敲打打，忙得不亦乐乎。

牛顿渐渐地从手工活动中懂得，学好基础功课，特别是数学，对于机械制作极有益处。从此，他用功学习，并取得了较好的成绩。

牛顿15岁时继父也去世了，应母亲的要求，牛顿弃学回家，帮助母亲做农活。这时的牛顿对书本发生了非常浓厚的兴趣。

放羊的时候，他看书入了迷，漫游于奇妙的自由世界，羊吃了邻居家的庄稼，他也不知道。

赶集的日子，母亲叫他卖东西，他只顾坐在篱笆底下，头也不抬地读书，结果什么也没卖掉，回家又挨母亲的责怪。

1661年，牛顿19岁，由校长推荐进入剑桥大学读书。

在大学里他学了很多课程，并且与数学家伊萨克·巴罗建立了深厚的友谊。

巴罗独具慧眼，当他发现牛顿是个天才，便将自己的数学知识全部传授给牛顿。1665年，牛顿大学毕业，获得了学士学位。由于欧洲鼠疫大流行，学校停课，他因此离开学校回到故乡，这一待就是两年。韬光养晦的短短两年是牛顿一生中科学发明的全盛时代。

牛顿一生的科学发明成就最大的是在微积分、光学和万有引力定律三

大科学家牛顿

个方面。

牛顿的科学成就影响深远，直至今天，牛顿力学仍然是一切机械、土木建筑、交通运输等工程技术的理论基础。

科学家并非"超人"，天才还须勤奋。牛顿回答别人这些成就是怎么得来时说："我并没有什么方法，只不过对于一件事情，总是花很长时间很热心地去考虑罢了。"

牛顿搞起研究总是忘我的。一次，牛顿的一位朋友看望他，牛顿正在自己家中的实验室做实验，朋友等到中午吃饭时还不见牛顿，便把餐桌上的一盘鸡吃掉，然后走掉了。

等牛顿回来揭开盘上的盖子，只见盘中只剩一堆鸡骨头，他大笑说：

"哈哈，我还以为我没吃过午饭，原来早已吃过了。"

还有一次，一位朋友到牛顿家吃饭，客人入了席，牛顿去拿酒，可直等得客人饥肠辘辘，也不见牛顿回来，原来他又去做实验了。

一天早晨，牛顿正想一个复杂的问题，女仆准备替他煮两只鸡蛋，牛顿怕打扰思路，叫她把锅子放下他自己来煮。

一会，女仆再进来准备收拾餐具，只见牛顿仍在专心致志地工作，鸡蛋仍在桌上，而沸水滚滚的锅里却放着一块怀表。

牛顿的研究开辟了几个科学领域的新时代，这在科学史上，是没有先例的。

自学成才

1736年1月19日，在英国造船业中心苏格兰格拉斯哥市附近的一个小镇格林诺克，詹姆斯·瓦特出生了。

瓦特的父亲是一个熟练的造船装配工人。瓦特从小体弱多病，不能按时入学，只能在家接受父母的启蒙教育。瓦特从小就善于观察事物，勤于思考，更喜欢自己动手。碰到一些问题，他常常冥思苦想，如醉如痴，往往被人误解，在学校时，有的同学叫他"神经质的呆子"。

瓦特很喜欢几何学，有一次家里来了一位客人，看见瓦特蹲在地上，用粉笔东划西划，不去上学，就以为瓦特是个"不肯上进的孩子"，父亲笑着让客人细看，原来小瓦特正在解一道几何难题。

后来，瓦特进了格林诺克的文法学校，数学成绩特别优秀。由于身体不好，没有毕业就退学，继续在家里自学，15岁时，他自学了《物理学原理》等书籍。

他经常到父亲的工厂去，动手操作机器，制作各种机械模型，修理航海仪器，进行化学和电学实验。经过几年努力，他获得丰富的木工、金属冶炼的加工等工艺技术，为后来的发明创造打下基础。一次，他和姨妈坐在炉子旁，恰巧炉上壶里的水开了，壶盖在蒸汽的推动下发出了声响。这一现象引起他极大的兴趣。他不起身灌开水，却死死地盯着被蒸汽掀起的壶盖。姨妈莫名其妙，还责怪他是个"懒孩子"。就是这一常见的现象激发了瓦特的想象和探索，使他逐渐悟出了这一现象的科学原理，促成了他的伟大的发明。

1753年，父亲经商破产，家里一贫如洗，瓦特只能到格拉斯哥一家钟表店里去学手艺。1755年，他去伦敦，给有名的机械师摩尔根当学徒。由于瓦特刻苦学习，不久就能制造难度较高的象限仪、罗盘和经纬仪等仪器。

刚满20岁的瓦特由于患严重的风湿病，劳累过度而病倒了，只好回家休养。身体稍有好转，他又去格拉斯哥，想以仪器修造者的身份开业，但因学手艺没有满师，当地行会不准他开业。

1757年，经朋友介绍，瓦特进格拉斯哥大学当了修理教学仪器的工人。这所学校仪器设备较完善，这使他在修理仪器的实践中掌握了先进技

瓦特

瓦特蒸汽机

术，开阔了眼界。

在大学里，他认识了化学家约瑟夫·布莱克和约翰·鲁宾逊。并从他们那儿学到不少科学理论知识，他们对改进蒸汽机都颇有兴趣，经常聚在一起，热烈讨论。

1764年，格拉斯哥大学的一台纽可门蒸汽机的教学模型坏了，让瓦特来修理，瓦特不但很快地修好了这台模型，而且对这台当时最先进的蒸汽机作了深入研究。

他向布莱克等人请教，终于找到纽可门蒸汽机耗煤量大，效率低的原因。原来在纽可门蒸汽机中，蒸汽在汽缸中膨胀做功，又在缸中冷凝，汽缸一会儿加热、一会儿冷却，因此浪费很多的热量。

1765年5月，瓦特找到解决问题的途径：如果在汽缸外面单独设置一个蒸汽冷凝器，就会解决浪费问题。

瓦特和几个助手夜以继日地试验，经过无数次的试验，终于在1768年制造出一台蒸汽机。

1769年1月5日，他申请专利

获得批准。这台单动作蒸汽机采用了各种新措施，如：用油来润滑活塞，在汽缸外设置绝热层等。结果它的耗煤量大大降低，只是纽可门蒸汽机的1/4，动作又比纽可门蒸汽机迅速、灵活。

一些本来因为排水困难要关闭的煤矿，使用瓦特的"单动作蒸汽机"后，生产很快得到恢复。

1782年，瓦特又得到"双动作蒸汽机"的专利。1784年，他在他的一份专利里提出"平行连杆机构"，有了它，蒸汽机具有更广泛的实用性。

4年后，瓦特发明离心调速器和节气阀；1790年，他又完成汽缸示功器的发明。至此，瓦特才算完成了对蒸汽机的整个发明过程。到19世纪30～40年代，蒸汽机已在全世界广泛应用，正式进入了"蒸汽时代"。

1785年，瓦特被选为伦敦皇家学会会员，1806年被授予格拉斯哥大学法学博士头衔，1814年被接收为法国科学家学会的国外会员。

蒸汽机的发明对于19世纪欧洲的工业革命起了巨大的促进作用。后人为纪念这位伟大的发明家，把功率单位定名为"瓦特"。

瓦特除了蒸汽机的发明外，还发明了一种液体化重计，一种信件复印机，最先提议用螺旋桨来推进轮船，第一个采用"马力"作为功率的单位。

捕捉雷电

1752年7月的一天，在美国的费城，一位名叫富兰克林的科学家，做了一个轰动世界的实验。富兰克林和他的儿子威廉带着风筝和莱顿瓶(一种可充放电的容器)，奔向郊外田野里的一间草棚。

这可不是一只普通的风筝：它是用丝绸做成的，在它的顶端绑了一根尖细的金属丝，作为吸引雷电的"接收器"；金属丝连着放风筝用的绳子，这样，细绳被雨水打湿后，也就成了导线；细绳的另一端系上绸带，作为绝缘体，避免实验者触电；在绸带和绳子之间，挂有一把钥匙，作为电极。

富兰克林和他的儿子乘着风势，将风筝放上了天。

突然，天空中掠过一道耀眼的闪电。富兰克林发现，风筝引绳上的纤维丝一下子竖立起来。这说明，雷电已通过风筝和引绳传导下来了。富兰克林高兴极了，他禁不住伸出左手，触碰一下引绳上的钥匙。"咔"的一声，一个小小的蓝火花跳了出来。

"这果然是电!"富兰克林对威廉喊道。他连忙把引绳上的钥匙和莱顿瓶连接起来。莱顿瓶上电火花闪烁。这说明莱顿瓶充电了。

事后,富兰克林用莱顿瓶收集的雷电,做了一系列的实验,进一步证实了雷电与普通电完全相同。

富兰克林的这一风筝实验,彻底地击碎了闪电是"上帝之火""煤气爆炸"等流行的说法,使人们真正认识到雷电的本质。因此,人们说:"富兰克林把上帝与闪电分了家。"

富兰克林的风筝实验绝不是一时冲动所做的。早在数年前,他就致力于电的研究,并在当时人们不知"电为何物"的时代,指出了电的性质。

在一次研究的意外事件中,他得到启迪。有一次,他把几只莱顿瓶连在一起,以加大电容量。不料,实验的时候,守在一旁的妻子丽德不小心碰了一下莱顿瓶,只听得"轰"的一声,一团电火花闪过,丽德被击中倒地,面色惨白。她因此休息了一个星期身体才得到康复。"莱顿瓶发出的轰鸣声,放出的电火花,不是和雷电一样吗?"富兰克林大胆地提出这个设想。经过反复思考,他推测雷电就是普通的电,并找出它们两者间的12条相同之处:都发亮光;光的颜色相同;闪电和电火花的路线都是曲

富兰克林

折的;运动都极其迅速;都能被金属传导;都能发出爆炸声或噪声;都能在水或冰块中存在;通过物体时能使之破裂;都能杀死动物;都能熔化金属;都能使易燃物燃烧;都有硫磺气味。

1747年,富兰克林把他的这些想法,写成论文《论雷电与电气的一致性》。他将论文寄给他的朋友、英国皇家学会会员科林逊。可当科林逊将论文送交皇家学会讨论时,得到的是一阵嘲笑。许多权威科学家认为富兰克林的观点荒唐无比,"把科学当作儿童的幻想"。

对于权威人士的嘲笑、奚落,富

兰克林不予理睬，终于在做好各种准备的情况下，冒着生命危险，做了风筝实验。

富兰克林从风筝实验中，不但了解了雷电的性质，而且证实：雷电是可以从天空"走"下来的。"高大建筑物常常遭到雷击，能不能给雷电搭一个梯子，让它乖乖地'走'下来呢？"富兰克林想。

正当富兰克林思考这一问题的时候，从俄国彼得堡传来不幸消息：1753年7月26日，科学家利赫曼为了验证富兰克林的实验，在操作时，不幸被一道电火花击中身亡。这更坚定了富兰克林研制避免雷击装置的决心。

他先在自己家做实验：在屋顶高耸的烟囱上，安装一根3米长的尖顶细铁棒；在细铁棒的下端绑上金属线；沿着楼梯，把金属线引到底楼的一个小泵上(水泵与大地有接触)；将经过房间的那段金属线分成两段，且将两股线相隔一段距离，各挂一个小铃。这样，如果雷电从细铁棒进入，经过金属线进入大地，那么，两股线受力，小铃就会晃荡，发出响声。

一天，电闪雷鸣，暴风雨就要来了。在雷声、雨声的"伴奏"下，守

富兰克林风筝实验

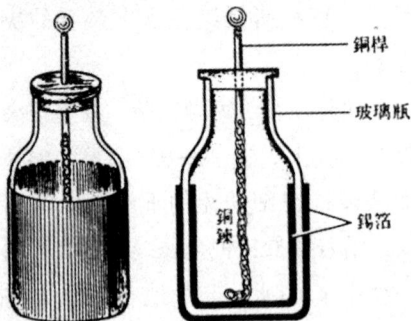

铜棒
玻璃瓶
锡箔

莱顿瓶

候在房间小铃旁的富兰克林，听到了小铃发出的清脆、悦耳的声音。他高兴地笑了。

富兰克林把那根细铁棒称为"避雷针"。避雷针的作用被人们认识，避雷针也很快地传开了。至1784年，全欧洲的高楼顶上都用上了避雷针。

贝尔发明电话机

1847年3月3日，亚历山大·格雷厄姆·贝尔生于英国苏格兰的爱丁堡。他的父亲和祖父都是研究声学的学者。他的父亲甚至试图教过聋哑人说话。由于家庭环境的影响，贝尔从小就对聋哑人十分同情，并对语音学产生了浓厚的兴趣。

贝尔17岁时进入爱丁堡大学，他选择了语音学作为自己的专业。毕业后，贝尔当了聋哑学校的教师。这期间，他和父亲一起，致力于研究如何使聋哑人说话。这一对父子的高尚行为，得到了当地民众的称赞。

然而，一个意想不到的情况发生了。贝尔的两个兄弟相继死于肺结核病，贝尔的健康也受到了严重威胁。当时治疗肺病的特效药还没有问世，而当地的气候十分不利于病人的康复。不得已，全家于1870年迁居加拿大。

迁居加拿大后，贝尔健康日渐好转。1873年，贝尔又迁居美国，在波士顿大学任生理学教授，继续从事对聋哑人的教育工作。

贝尔根据在人耳和人声研究上所得出的理论，想制作一部复式电报机，即在同一个电报机上互不相扰地同时发出几份频率不同的电报，贝尔采用莫尔斯发报信号为基础进行实验。一位名叫汤姆斯·华特逊的青年也加入了这项实验，成为他的得力助手。

一次，当他们在做复式电报机试验时，由于机件发生故障，贝尔偶然发现电报机上的一块铁片在电磁铁前不断振动并发出嗡嗡的声音。

贝尔和他的助手华特逊，重新调整了每一个振动器，又在各自的屋里制作了送话器和受话器，并把导线连接在上面，开始用电传话的试验。可是尽管他们声嘶力竭地叫喊，机器只能发出极其微弱的声音，根本无法听清。

是设计不对？还是制作有误？也许用电传递本身是不可能的？正当贝尔为实验的失败而苦思冥想的时候，窗外传来的吉他声引起了他的注意。他凝神地听着，突然，他想到了是因为送话器和受话器的灵敏度太低，所以声音微弱，难以辨清。

贝尔想，如果像吉他那样，利用音箱产生共鸣，就一定能听得见声音。贝尔十分兴奋，和助手华特逊连夜动手用床板制作音箱。接着，他们一刻不停地改装了实验装置，又认真检查了一遍，然后各自回到自己屋子开始实验。

这时，贝尔一不小心把桌上的酸性溶液碰翻了，溶液洒在西装上面。因为他已无钱购买新衣，感到很懊丧，便大叫起来："华特逊！请到这里来，我需要你！"想不到这句普通的求助的话，竟成了世界上第一次用电传送的人类的话音。

华特逊在自己屋子里出乎意料地听到了从导线传来的贝尔的声音，不觉惊喜万分，连连呼叫贝尔的名字："贝尔！贝尔！我听见了！听见了！"两人欣喜若狂，不约而同地推开房门向对方奔去，拥抱着高声大

贝尔

喊："电话成功了！"

历史记下了这一难忘的时刻：1876年3月10日。当时贝尔29岁，华特逊20岁。当天晚上，贝尔给母亲写信说："……在不久的将来，电话线将和自来水管、煤气管一样，普遍地被安装在每个家庭里，朋友们可以在自己的家中彼此通话。"

当年，贝尔获得了电话专利权，并成立了第一家电话公司。这一年，为庆祝《独立宣言》发布一百周年，美国在费城举办了规模空前的百年展览会，贝尔在会上展示了他的杰作，引起万人瞩目，贝尔也因此一举成名。

当时，前去参观的巴西皇帝佩德

正在打电话的贝尔

罗二世，对贝尔发明的电话留下了特别深刻的印象。他在这个今天看来简陋粗糙的机器前流连许久，放下话筒时说了一句："它会说话！"这件事第二天成了许多家报纸的头条新闻。

到20世纪的初期，欧洲各国纷纷设立电话局，各大城市的上空都可以看到如蜘蛛网状的电话线。电话给全世界的经济、商业、文化等事业带来了前所未有的便利，人们可以凭借电话来传达信息，取得联系，大大节省了人力和时间，提高了办事效率。

1915年，当第一条横贯美国大陆的电话线开放时，贝尔又一次和他过去的助手华特逊通话。正像40年前一样，贝尔激动地喊道："华特逊！请到这里来，我需要你！"这次，这句话不是从一个房间传到另一个房间，而是从东海岸传到西海岸。

1922年8月2日，贝尔逝世，享年75岁。1950年，贝尔被选定为美国伟人纪念馆的一员，比爱迪生还早十年。他发明的世界上第一部电话机，作为为人类进步作出卓越贡献的重大科学成果，至今存放在美国的历史博物馆里。

擒获"死亡元素"

很久以前，人们就知道有这么一种气体元素存在，它与钙生成莹石，含这种元素的矿石可以用作冶金的助溶剂。1670年，有一位德国的玻璃工人瓦哈德偶然之中将硫酸注入莹石，不料莹石突然冒出一阵蒸汽，呛得瓦哈德几乎昏死过去，事后发觉，自己戴的眼镜竟然变得粗糙不堪。

这一下，瓦哈德误打误撞，找到了一种玻璃的雕刻工具，这种蒸汽便是后来被称作氟与氢的化合物氟化氢。10年后，瑞典化学家舍勒利用这个办法制得了氢氟酸，但是，在提取氟化氢打算把它溶于水的时候，不慎中毒，因此病了多年，他始终无法把氟这种气体元素分解出来。

30多年之后，英国著名的化学家戴维正式把这种气体元素命名为"氟"，他想像捕捉其他元素一样，利用电解法把它分解出来。戴维先用白金作电极，后来又改用萤石，但在电解过程中，戴维不幸也严重中毒，险些因此丧生，被迫放弃了这项实验。

越是危险的工作，科学家们越是要去冒这个险，因此，有时也会有人为科学献出自己的生命。1836年，爱尔兰化学家诺克斯兄弟用氯气去处理氟化汞，想提取纯净的氟气。他们虽然在金箔上得到了氟化金，却因此付出了沉重的代价。兄弟俩中，哥哥被氟气熏得昏死过去，从此没有能醒来；弟弟也因为中毒太深，从此失去了工作能力，终生待在疗养院中。

当比利时科学家劳埃重复诺克斯兄弟的实验，也重蹈复撤，为此丧生之后，"氟"这种元素就被冠以"死亡元素"的称号，大家都谈"氟"色变，再也无人敢闯这个禁区了。氟，太活泼了，它能跟钙这种轻易不能化合的元素结合，而钙正是人体需要的组成元素，一旦钙被氟迅速夺走，人的生命也会终止，有谁敢再冒险去征服"死亡元素"呢？

敢于跟死神作伴的科学家从来不会缺少。工人出身的法国化学家莫瓦桑就偏不怕死神的威胁，偏要完成前人没有完成的事业，闯一闯"死亡元素"设下的禁区。

莫瓦桑因为家境贫寒，中学没有毕业就只得到药店当了学徒。但是，他丝毫没有放松学习，围绕制药工艺，他系统学习了有关的化学知识，很快成为药店中最有办法的学徒，常常能解决别人无法解决的疑难问题。

这一天，药店开门不久，一辆马车飞快地跑来，停在店门口。两三个人抬下一位病人，据送病人的人说，病人服了砒霜，请求药店设法挽救这位轻生的人。店里有坐堂的医生，医生对自杀者作了初步的检查，无可奈何地摇了摇头，病人服用砒霜的剂量太大，又拖延了时间，看来已经回天乏力。

正当班的莫瓦桑看到了整个过程，他不满意当堂医生的态度，救死扶伤，不到最后关头，绝不能轻易言退。他不顾自己只是个学徒，决不能干扰医生的工作的规定，而且他也没有处方权，断然进药库取来了酒石酸锑钾，灌进病人肚里。意外的情况发生了，由于莫瓦桑责任心强，采用的方法也对头，那位"病人"居然从鬼门关被拉了回来。从此以后，人们都知道药店里出了位比医生还有本领的

莫瓦桑和他的实验仪器

学徒。老板也对莫瓦桑刮目相待，让他有更多的时间研究化学。

莫瓦桑在化学界开始崭露头角。法国的自然博物馆馆长弗雷米教授看到了他身上的闪光点，认为他有为科学一往无前的精神，也有勤奋学习，不知疲倦的长处，便邀请莫瓦桑到自己的实验室工作。莫瓦桑终于正式登上了化学学科的殿堂。

弗雷米教授正不顾以往化学家的失败，在继续做分解氟的科学实验，

找到了莫瓦桑这样得力的助手，教授更感到如虎添翼，立即让莫瓦桑加入到自己的实验中去。莫瓦桑从此对氟的提取以及过去发生的曲折，有了深刻的认识，他对恩师弗雷米无比尊敬，决心为捕捉"死亡元素"奉献出自己的全部精力。

弗雷米教授对氟的粹取有过深刻的研究，他抛弃了前人的原料，改用无水氟化钙和氟化钾作为电解对象。虽然他添了一位聪明的助手，不致于

因为电解失败而丧生。但是，在电解的过程中却发生了爆炸，提取氟的工作再一次遭到了挫折。"死亡元素"虽然没有夺去谁的生命，但始终不肯把真面目显示在世人面前。

当弗雷米也打起退堂鼓的时候，莫瓦桑却毅然投进了这个百余年未能解决的问题之中。他在仔细分析了老师的办法后，觉得它不失为擒拿氟元素的最佳途径。只因为实验时条件不够，才会失败。

于是，莫瓦桑设计了一整套抑制氟剧烈反应的办法，在铂制曲颈瓶中制得氟化氢的无水试剂，再在其中加入氟化钾增强它的导电性能。然后，他以铂铱的合金为电极，用氯仿作冷却剂，并设计了一个实验流程，让无水氟化氢、氯仿以及莹石塞子作主要部分，把实验放在$-23℃$的状况下电解，这种办法果然一下子逮住了氟，在一次公开表演中，他一举制得5公升的"死亡元素"氟。莫瓦桑就是这样，凭着不怕牺牲的精神，在总结前人经验的基础上，一举擒获了死亡元素。

会计算的机器

1958年之前，人们认为世界上的第一台"会计算的机器"——机械式计算机，是法国的帕斯卡在1643年发明的。可是1958年，有关专家惊奇地从历史档案中发现，在1623年，德国的卡什尔就发明了机械式计算机，只不过他的这项工作并不被同时代及以后的人们知晓。这么说来，卡什尔当属机械式计算机的发明者。

不过，帕斯卡在并不了解卡什尔研究工作的情况下，独立地研制出了颇有特色的机械式计算机，而且他对机械式计算机的改进与发展作出了重大贡献。因此，人们认为帕斯卡也是机械式计算机的发明者。

那么，帕斯卡是怎样发明机械式计算机的呢？

1623年6月，帕斯卡出生在法国克莱特城的一个贵族家庭。他的父亲是一名著名的税务统计师，也是一位小有名气的数学家，曾发现了四位代数曲线。帕斯卡1岁时得了一场重病，差点丧掉了生命。后来，一直体弱多病，被小伙伴们称为"可怜的小猫"。帕斯卡的父亲认为研究数学是很劳神伤身的。因此，打定主意，不让孩子学数学，甚至连学校里开的数学课也不让他上。

可是，小帕斯卡偏偏对数学有着浓厚的兴趣，而且表现出这方面的极高的天赋。他不大喜欢与同伴们玩游

帕斯卡机械计算机外表

戏，却喜欢自己拿着一支鹅毛笔列着各种数学公式以及几何图案。在他看来，在数学王国里遨游，是一件最开心的事。

帕斯卡12岁那年，有一天，父亲在沉思着一个数学问题。帕斯卡小心地走到父亲身边，怯声怯气地问道："爸爸，三角形三个内角的总和是不是两个直角？"

父亲听到帕斯卡的这个问题，激动得说不出话来。要知道，对于一个12岁的小孩来说，能有如此惊人的发现，简直是天才。父亲兴奋地抱起帕斯卡，将他高高地举过头顶。

从这以后，父亲改变了主意，既然儿子在数学方面有超人的天赋，那就让他往这方面发展吧。父亲找出许多经典数学著作，让他进行系统的学习。对于一些疑难的问题，父亲与他一起讨论。经过一两年的学习，帕斯卡的学识就开始超越了父亲。

1640年，17岁的帕斯卡出版了《圆锥曲线论》。在书中，他解决了悬而未决的关于圆锥曲线的学术问题，创立了有关射影几何学的一条定律。此书震惊了科学界。人们把他的这一伟大贡献誉为"阿波罗尼斯之后的两千年的巨大进步"。

此时，帕斯卡虽在学术界里是闻名遐迩的"大人物"，但在家里，却常常给父亲当助手。作为一名数学家和税务统计师，帕斯卡的父亲常常要统计大量的数据。每当这个时候，帕斯卡总是拿着一大叠纸张，进行繁琐的计算。父子俩常常算得头昏脑胀，汗流浃背。

有一天，帕斯卡对父亲说："爸爸，要是发明一种'会计算的机器'，那该多好啊！"

父亲相信儿子的才能，便鼓励道："这个主意不错！好好地干，你准会成功。"

有了爸爸的鼓励，帕斯卡便下定决心，要发明"会计算的机器"。

凭着坚实的数学基础以及良好的学风，帕斯卡很快就有了设计眉目：他根据数的十进位制，决定采用齿轮来表示各个数位上数字，通过齿轮的比来解决进位问题。低位的齿轮每转动10圈，高位上的齿轮只转动一圈。采用一组水平齿轮一组垂直齿轮相互啮合转动的形式，解决计算和自动进位的问题。

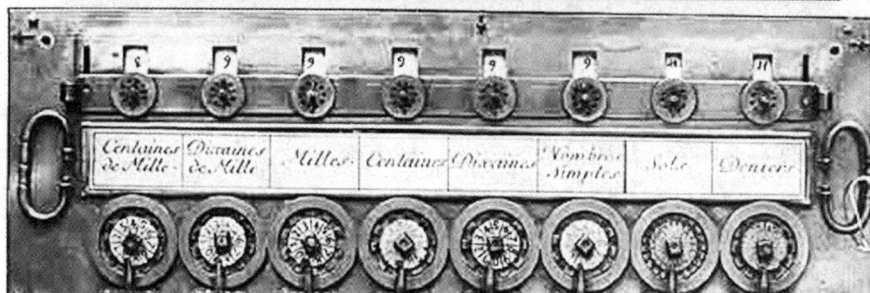

帕斯卡机械计算机

1643年，帕斯卡研制出了人称"世界第一"的机械式计算机，尽管这台机械式计算机的设计原理完全正确，可它在机械方面还有不少缺陷。

经过三年的努力，帕斯卡又制成了一台机械式计算机。这台机械式计算机像一个盒子，外壳用黄铜制成。它长约35厘米，宽约15厘米，高约10厘米。机器顶部是一块黄铜板，上面有一排圆孔，通过它可以看见底下的圆环。孔数和圆环数为8个，每个圆环可以围绕自己的圆心旋转。圆环上有很多长齿。右面第一个圆环有12个齿，第二个有20个齿，而其余各有10个。由于设计目的是为算账用的，因此这些齿适合当时法国零钱的换算：

1利维尔=20苏；1苏=12尖野。自然，所有其他的圆环都可以以苏为单位处理货币，也可以处理数据。

帕斯卡发明的机械式计算机，在一定程度上减轻了他父亲那样整天与数据打交道的人的工作量。但是，它的功能还比较差：做乘法时必须用连加的方法；做除法时，也只能用连减的方法。而且，使用时，需要一个小钥匙拨动一下，方可计算；每次计算完毕，都必须复原到零位，下次方可计算。

但是，机械式计算机的发明意义远远超出了它本身的使用价值。正如一位法国著名科学家所说："帕斯卡的设想，在当时，可以算作非凡的大胆。因为他给了人们这样的启迪：机器可以代替人的思考。"

找寻狂犬疫苗

1892年12月27日，巴黎大学的大厅里张灯结彩，人们正举行一次盛大的庆祝宴会，以纪念巴斯德的70寿辰。出席宴会的除了法国科学界的代表外，还有来自欧洲各国的科学泰斗们。当瘦小而跛脚的白发老人巴斯德挽着总统的手臂步入大厅时，乐队奏起胜利进行曲，全场欢声雷动。许多祝词都颂扬了杰出的生物学家和化学家巴斯德为人类作出的巨大贡献，但年已古稀的他却仍然像孩子一般谦虚，只说了一句："我只是尽我所能罢了。"

这位伟大的科学家，以毕生的精力，结合社会需要，对蚕病、鸡霍乱、炭疽的狂犬病都作过深入的研究，并发现了狂犬疫苗，将无数患者的生命从死亡的悬崖上拉了回来。

一天中午，特尔逊医院医生兰努隆的车夫，火急火燎地赶到巴斯德研究所，请巴斯德赶到医院去。因为刚有一位5岁的男孩入院，经检查是狂犬病患者。

当巴斯德带着助手赶到医院时，

这个可怜的小男孩已出现痉挛，医生采取相应措施后，虽然痉挛停止，但患者的喉咙就像被什么东西卡住一样，发出骇人的叫声。小孩想喝水，但怎么也喝不到嘴里。水从嘴角流了出来，口里吐着唾沫。

在连续发作中，小男孩渐渐地耗尽了体力。由于喝不上水，唾沫堵塞着喉咙，呼吸变得更加困难，最终窒息而死。

面对一个年轻的生命被病魔吞噬，巴斯德难受极了。他真想立即擒住病魔，为人类驱除灾难。

男孩死后24小时，巴斯德从尸体嘴里取出唾沫加水稀释，然后分别注射到5只兔子的体内观察。不久，这些兔子都得了狂犬病死去。巴斯德又从这死兔的口中取出唾沫，加水稀释后再注射到其他兔子的体内，这些兔子也无一幸免。

很明显，唾沫中可能存在着引发狂犬病的病原菌。巴斯德用显微镜反复观察，却怎么也找不到病菌。

"找不到病原菌，莫非就没有病原菌。不过，要是发现不了病原菌，就谈不上征服狂犬病。"巴斯德陷入了长长的思考。

后来，巴斯德和助手从医生的角度对狂犬病作了仔细的观察，他们发现：无论是人还是动物，只要患上狂犬病就一定会发生痉挛，不能吃东西，症状几乎一样。因此，巴斯德和助手相信病原菌可能在动物的神经系统中传播。于是，他们将疯狗的脑壳打开，抽取毒液直接注射到其他动物脑中，结果被注射的动物，过了不久就因狂犬病发作而死。实验证明，那种眼睛看不见的狂犬病菌在狗的脑髓里。

为了培养狂犬病菌，巴斯德及其助手们费尽心血。他们用兔脑来培养强烈程度不一的病菌，连续注射到百次以上，结果最强的病菌能使兔子7天发病，最弱的病菌可迟到28天发病。但是，适宜作疫苗的病菌仍然没有培养出来。

功夫不负有心人，终于有一天，巴斯德发现实验室里一只被注射过病菌的狗发出一阵轻微的叫声之后，恢复了正常。再过一段时间，他们向这只病愈的狗注射了毒性最强的一针病菌。几个月过去了，这只狗仍然健康地活着。看来，它已经获得了免疫的能力。

经过深入研究和反复实验，巴斯德终于找到了一种切实有效的培养狂犬疫苗的方法。那就是：从一只病死的兔子身上抽出脊髓，挂在一只微生物不能侵入的瓶中，使其干燥萎缩。14天后，再把干缩的脊髓取出，将它

磨碎，加水制成疫苗，直接注射到狗脑中；第二天，再用干缩了13天的病脊髓注射进去，这样逐步加强毒性连续注射14天。最后，过一段时间，再给狗注射致命的病菌，结果狗没有发病。这样，狂犬疫苗培养成功了。

可是，给人注射这种疫苗有把握吗？已被狂犬咬伤再进行注射疫苗还来得及吗？这两个疑难问题一直在巴斯德的头脑中翻来覆去地折腾着。人命关天，巴斯德必须慎之又慎。

开始，他决定在自己身上做实验，但遭到了许多人的反对。一天早晨，研究所门外来了一位满面愁容的中年妇女，她领着一位小孩，恳求巴

巴斯德

斯德救救她的孩子。原来，这小孩名叫麦士特，在放学回家的路上被狂犬咬伤，伤势十分严重。

在医生们的支持下，举棋不定的巴斯德终于下定决心试着给麦士特注射疫苗。经过14次注射之后，孩子的伤口果然痊愈。这位幸运的男孩挽着妈妈的手，活蹦乱跳地走出了研究所。

狂犬疫苗的试验成功，轰动了整个欧洲大陆。消息越传越远，来自各国的贺信，雪片似的涌向巴斯德研究所。

巴斯德拯救了无数的病人，人们都为他杰出的成就而由衷地欢呼，并亲切地称他为"伟大的学者，人类的恩人"。

在火车上做实验

爱迪生是世界上最伟大的发明家，一生中有1000多项发明创造；他的一生就是在不断地发明创造过程中度过的。他于1877年发明留声机，1879年发明炭丝灯泡，1880年发明电车，1889年发明幻灯机，1912年发明有声电影，还有电话机、发电机、电动机、蓄电机等。爱迪生的贡献是巨大的，人们是不会忘记他的。爱迪生

被人们称为"发明大王"，这是名副其实的，也是他应得的荣誉。

1847年2月11日，爱迪生出生在美国俄亥俄州的米兰市，他家祖籍荷兰，后迁北美，家境贫穷，靠父亲种田维持生活。

爱迪生小时并不聪明，但善于观察、思考，对任何事都喜欢刨根问底，他常提一些"大树怎样生长""树叶是怎么回事"等问题，而且还非问到答案不可。

有一次，父亲在草棚里发现爱迪生趴在草堆里一动不动，问："你在干什么？"爱迪生回答："我在孵小鸡呀！"父亲又好气又好笑地告诉他："人是孵不出小鸡来的。"可爱迪生还是问："为什么母鸡能，我就不能呢？"

爱迪生7岁上学，他功课不好，满脑袋稀奇古怪的想法。上学不到3个月，老师便把爱迪生的妈妈叫来说："汤姆斯一点儿也不用功，他还老问2加2为什么等于4，实在太笨了，还是别上学了吧。"

爱迪生被迫退学，退学后母亲除了教他读书写字，还常给他讲一些名人的故事，不断鼓励教育他，不厌其烦地解答他所提出的各种问题。

母亲买了本《自然课本》送给爱迪生，爱迪生立即被书中的科学小实

爱迪生

验吸引住了，从此经常照着书上讲的方法去做实验。

为了做实验，爱迪生把家中的地下室整理出来，准备了一些瓶子、试管，并把零用钱统统购买了实验用品，一有空就钻到地下室去做化学实验。

爱迪生11岁时，家庭经济情况每况愈下，爱迪生不得不在火车上做报童，他热心兜售，挣来的钱除了贴补家用外，都用来购买书籍和药品。

在火车上卖报，空闲时间较多，爱迪生多次恳求车长让他在车上做实验。得到允许后，行李车的一角，成了他的一个简单实验室，一有空他就钻进来进行实验研究。

爱迪生在火车上卖报时间并不长。1862年，有一次火车开动时震得特别厉害，把实验室里的一瓶黄磷震翻了，黄磷平时保存在水里，一见空气就燃，车长气坏了，打了爱迪生一耳光，从此爱迪生右耳聋了。虽然火被扑灭了，可爱迪生不能在车上卖报了。

无数次的失败，带来的是无数次的成功，这个"火车实验家"并没有由此停下研究的脚步，反而愈挫愈强，继续如饥似渴地开展着改变人类世界的伟大事业。

化学元素发现大王

1778年12月17日，戴维出生于英国康沃尔郡彭桑斯镇的一个木刻匠家庭。戴维的家乡依山傍海，风景绮丽。他的家庭却并不富裕，在他之后三个弟弟和一个妹妹相继出世，家庭经济入不敷出。

幼年的戴维和他的伙伴们一样，顽皮、散漫，对学校的功课不感兴趣。在老师的眼里，他没有任何出众的地方。

后来，戴维干脆不上学了，整天到处闲逛，荒废了许多的宝贵时光。戴维16岁那年，父亲因病去世，留下1300镑的债务，这在当时可是一笔不小的数目。家里的生活变得越来越艰难，这使戴维不得不自谋生路。

他到了镇上医生波拉斯那里当学徒，帮助配药和包扎。那时候，药品大多要现配，这里面有许多戴维不明白的道理，他开始感觉到自己知识的贫乏。他买了一些书，利用空余时间开始自学。

戴维给自己制订了周密的自学计划，内容有：神学、地理学、植物学、药学、病理学、解剖学、外科学和化学、逻辑学、英语、法语、拉丁语、希腊文、意大利文、西班牙文和希伯来文；物理学、力学；修辞和讲演术；历史、数学。

书籍给他引路，他的头脑却没有被限制在书本里。戴维利用手头能找到的一些日常用具和药房里现成的酸、碱一类药品进行实验，以判断学到的理论是否正确。因为没人指导，实验常常引起爆炸，波拉斯医生忍无可忍，把他解雇了。

戴维的名声渐渐大起来，这个美丽的小镇上几乎人人都知道这个勤奋自学、大胆实验的青年。后来，他被牛津大学的化学教授贝多

戴维

斯看中，当上了贝多斯新建立的气体研究所的实验室主任。这时，戴维还不到20岁。

戴维自己动手制备各种气体，从纯净的氧气到剧毒的氟化氢。他认为研究化学一定要亲身体验，教科书上记载的化学物质的颜色、气味和滋味。他都是要闻一闻，尝一尝，复验一遍。有一次，他吸入4夸脱的氢，几乎窒息。

戴维的这种鲁莽而冒险的实验有一次终于获得了报偿。他觉得氧化亚氮有剧毒的说法根据不足，便亲自制备这种气体，一边做一边吸，仔细体会切身的感受，吸着吸着，竟变得兴奋起来，哈哈大笑，手舞足蹈，原来

的牙痛也意外消失了。

戴维给这种气体取名为"笑气"，把它介绍给外科医生做麻醉剂用。直到今天，笑气在医院里仍在使用。尽管在当时，笑气更多地只是被当作一种迷幻药，在那些穷极无聊、无所事事的人们当中，举行笑气晚会竟一时风靡起来。

戴维的名字也随着这种异乎寻常的神秘气体在英国和欧洲迅速传播开来。不久，英国皇家学院院长朗福德伯爵请戴维到伦敦，在新设立的高级试验室里担任教授，主持科学讲演。这位英俊的年轻人娓娓动听的出色讲演在伦敦社交界获得巨大成功。

在戴维生活的时代，人们热衷于寻找这样一个问题的答案：世界究竟是由多少种最简单的物质构成的呢？人们到处搜集稀奇古怪的矿石、矾土、臭水和污浊的臭气，用火烤，用酸浸，用碱泡……直到再也分不出新东西为止。

当时，在化学家拉瓦锡提出的元素表里，只记载着33种元素，而且连石灰、苦土(氧化镁)、重土(氧化钡)、矾土(三氧化二铝)和硅土(二氧化硅)都包括在内。那时候的元素表里，混进了很多假元素，而许多真正元素却没有列入。

就在这时，伏达电池发明了。

对新鲜事物特别敏感的戴维马上联想到：既然电流能使死青蛙的大腿抽搐起来，能将水分解成氢和氧两种气体，那么，电流不是也可以用来分解各种物质，从中发现新元素吗？

他在钾碱的水溶液里通上电流，得到的结果却和电解水一样：放出氢气和氧气。他试了一次又一次，发现无论是酸、碱还是盐，它们的水溶液通电之后，结果都相同，这是为什么呢？戴维苦思冥想着。

终于，戴维断定，这是水在捣乱，必须先除掉水。可是，又要像水一样能流动，电解才能顺利进行。于是，戴维动手电解钾碱，可是，当时的伏达电池力量太弱了，电解没有成功。

接着他便着手建造有250块金属板的电池组，这在当时是首屈一指的。1807年10月6日，戴维用这个有强大电流的特大电池对钾碱进行电解，只见阴极周围冒出水银般的小亮珠，燃发出淡紫色的火焰，有的还发出"噼噼啪啪"的爆炸声。

于是，戴维得到了一些从未见过的银白闪亮的金属。这块金属用小刀很容易切开，比水轻。戴维把这种新金属投进一盆水里，它贴着水面冒出许多细小的气泡，"吱吱"作响，变成无数闪光的金属小球，窜来窜去，像是荷叶上的露珠在滚动。

戴维欣喜若狂、手舞足蹈，把实验台上的玻璃仪器都震翻了。成功了！他发现了新元素——钾！

一个星期后，戴维又电解得到一种白亮如银、柔软如蜡的新金属，和钾十分相像，是一对孪生的脾气急躁的烈性金属。戴维给这种金属起名叫钠。钾和钠的新奇特性，使伦敦轰动了。老教授们纷纷向他表示热烈的祝贺，请柬和鲜花向他涌来……戴维成了科学上的明星。

戴维这两项成功实验的意义是非同寻常的。电和化学的结合，给化学插上了翅膀，产生了巨大的飞跃。不久，几乎当时所有的著名化学家，柏采留斯、卡文迪许、盖·吕萨克、泰那尔、维勒……都钻研起化学和电的结合来。

戴维并没有以此为满足。接下去他在1808年又从石灰里得到钙，从苦土里得到镁，从锶矿石里得到锶，从重晶石里得到钡。这四种元素是从碱性矿土里发现的，是碱土金属的主要成员。戴维几乎发现了整个碱性土金属家族。

戴维继续马不停蹄地进行他的实验。在实验室里，他一会儿安装仪器，一会儿又穿插着加热某种药品，往往在一天里指挥助手同时进行数十项试验。药品弄脏了他的衣服，常常顾不上换洗，就匆匆套上一件干净衣服赶快去做科学讲演。回到实验室又接着工作。

戴维在化学上取得的成就是巨大的，在不到两年时间里，连续向世界宣告发现了7种新元素，成为了化学元素的发现大王。

牧童工程师的发明

1781年6月9日，乔治·斯蒂文森出生于英国诺森伯兰郡威兰姆。他的父亲是煤矿的蒸汽机司炉工，母亲是一个普通的家庭妇女。一家8口，全靠父亲的一点工资生活，日子过得十分艰难。

为了减轻父亲的重担，8岁那年，斯蒂文森去给人放牛。艰苦的生活条件、繁重的体力劳动，并没有磨灭斯蒂文森强烈的求知欲。放牛的时候，他常用泥巴做模拟的蒸汽机，锅炉、汽缸、飞轮……一应俱全，像真的一样。

每当去煤矿给父亲送饭的时候，斯蒂文森总是围着轰隆隆转动的机器，入神的看个没完。他想，自己长大以后，要是也能像父亲那样当一个司炉工，操纵巨大的蒸汽机干活，那该多好呀！

斯蒂文森14岁那年，真的当上了一名见习司炉工，望着炉膛里熊熊火焰，听着机器隆隆的轰鸣，他兴奋极了，他一会儿往炉膛里添煤，一会儿给机器擦去油污，弄得满头大汗，也不肯坐下来歇一歇。

一个星期六下午，工人们都回家了。斯蒂文森一个人留在工房里，借口清洗机器零件，把蒸汽机拆卸开，想好好了解一下它的内部结构。没想到拆开容易装配难，等他把一大堆零件重新装配起的时候，窗外已是满天星斗了。

这一夜斯蒂文森没有睡好觉，生怕第二天机器开动不起来，耽误了生产，老板会惩罚他。第二天天还没亮，他便急急忙忙地赶到工房，生火加煤，试着发动这台重新装配的蒸汽机，结果竟一下子就发动起来了，运转得比平时还好。

这件事大大鼓励了斯蒂文森，他渴望自己也能造一台机器。他模仿拆装过的那台蒸汽机画了一张草图，煤矿的总工程师看了后高兴地拍着他的肩膀说："好啊，有志气的孩子，希望你多读书，多掌握科学知识，将来发明一台比蒸汽机更好的机器。"

为了填补科学知识的空白，斯蒂文森决心从头学起。他白天要做工，

还要抽空给人擦皮鞋、修理钟表，以便赚些钱来补贴家用。尽管已经十分劳累了，他每天晚上都夹着书本，坚持到煤矿的夜校去上课。

那时候，他已经是一个17岁的小伙子了。可是他不怕羞，和那些七八岁的孩子坐在一起，认真地听老师讲课。由于他勤奋好学、刻苦用功，很快就掌握了许多科学知识。22岁那年，斯蒂文森成了一名机械修理工。

有一天，煤矿的一台蒸汽机突然发生故障，工程师们都束手无策。斯蒂文森自告奋勇，请求总工程师允许他试一试，结果竟然修好

乔治·斯蒂文森

了这台机器。

斯蒂文森开始对火车的研究。他从前人的经验中受到启示：火车要想拉得多、跑得快，必须要有"大力士"蒸汽机。他不知疲倦地阅读了大量有关蒸汽机的书，还实地考察了各种类型蒸汽机的特点。

他长途跋涉，步行一千多千米来到瓦特的故乡苏格兰，在那里整整工作、研究了一年。从瓦特研究改进蒸汽机的过程中，斯蒂文森懂得了能的转变和能量守恒定律，懂得了汽缸里的蒸汽温度越高，能量就越大。

于是，他开始着手研制新的蒸汽机车，他把当时的立式锅炉改为卧式锅炉，用扩大炉膛的办法，来增加锅炉的受热面积。并且，机车改用了卧式锅炉，高度降低。行走、转弯就平稳步了，也更灵活了。

他还在车轮的圆边上加上了轮缘，防止火车发生出轨事故，以保证行车安全。就这样，经过多年的研究和反复的试验，1814年，斯蒂文森制造出了一台名叫"半统靴"号的火车头。

斯蒂文森亲自驾驶这个火车头，在煤矿进行了试车表演。试车结果，这台经过改进的火车头果然比以前的火车头拉得多，跑得快，美中不足的

是，这个火车头的震动仍然太厉害。在试车过程中，由于机车上的螺栓被震松了，结果翻了车，把乘在车上的一名英国国会议员和英国交通公司董事长摔伤了。这样一来，许多人嘲笑和指责斯蒂文森，连一些原来赞成试验的官员也断言用蒸汽机作交通工具是根本不可能的。

斯蒂文森并没有因此而止步不前。他以巨大的勇气和毅力，决心对火车头继续进行研究和改造。为了减轻火车行进时的震动，斯蒂文森经过多次试验，终于成功地在火车上装置了减震弹簧。

为了增大锅炉所产生的蒸汽量，斯蒂文森从薄玻璃杯传热快，不会炸裂中得到启示，没有采用增加锅炉壁厚度的办法，而是让加入锅炉的冷水先经过预热管预热，这样就避免了因温度骤起变化引起锅炉破裂。

他还采取了许多改进措施，如把汽缸里的废汽用小管通到烟筒里去，利用它向上的冲力，使煤烟出得比原来更通畅，这就使得炉膛中的空气循环加快了，大大提高了煤的燃烧质量，噪声也减少了。

经过这一系列的改进，斯蒂文森终于造出了牵引力大、运行安全的"旅行"号机车。这以后，从1823年

世界上第一台火车

开始，斯蒂文森应聘负责修建从斯多林克顿到达林顿的铁路，历时两年终于建成。

1825年9月27日清晨，天还没有大亮，斯多林克顿的许多居民早早起了床，有的步行，有的骑马，有的坐车，络绎不绝地向同一地点赶去。原来，就在这一天，斯蒂文森要亲自驾驶"旅行"号拖着6节煤车和20节挤满乘客的车厢，轰隆隆地向达林顿方向驶去。人们欢呼雀跃，有些骑马的小伙子，催马紧随在火车后面，一边奔跑一边大声喝彩。

当这列火车以每小时24千米的速度，越过中途的一个大斜坡，安全到达终点站达林顿的时候，斯蒂文森才发现，列车上竟载了450名乘客加上6节煤车，他欣喜若狂。

在成功和荣誉面前，斯蒂文森并没有自我陶醉，就此止步。他继续致力于火车的研究和改进工作，和他的儿子罗伯特·斯蒂文森一起，设计制造出了一台取名"火箭"号的新火车头。

就在这期间，英国政府决定在利物浦和曼彻斯特两大城市之间修筑一条铁路。斯蒂文森被聘请为负责修筑这条铁路的工程师，在当时的条件下，这是一项规模空前的大工程。他和工人们一起，克服了重重困难，如期修成了这条铁路。

斯蒂文森的成功极大地鼓舞了人们研制火车的兴趣。1829年10月，在利物浦附近举行的一次火车比赛中，斯蒂文森新制造的"火箭"号荣获冠军。从此，火车正式登上历史舞台，使陆上交通运输的发展进入了一个新的时期。

登上科学圣殿的小学徒

1791年9月22日，在英国伦敦一个贫穷的铁匠詹姆斯·法拉第家里诞生了一个男婴，父亲给这小男孩取名迈克尔·法拉第。

小法拉第5岁的时候，他的家搬到曼彻斯特广场附近的小巷一幢破旧的房屋里。

小法拉第在公立小学读到13岁时，爸爸就把他送到一家书铺当学徒。

这家铺子的老板里波先生让法拉第先送　年报纸。从此，他风里来雨里去，穿大街走小巷。虽然辛苦，但有微薄的收入交给妈妈，他非常快乐。

一年时间很快过去，法拉第手脚勤快、聪明伶俐，里波先生很满意。他决定正式收法拉第当学徒，为期7

年。法拉第告别父母，搬到里波先生的铺子里。

法拉第住在店堂楼上的一间阁楼里，每天清晨醒来就能闻到纸张、油墨、胶水的气味。他觉得这种新书页的味道好闻极了。

法拉第很快学会书籍装订的手艺。他装得又快又好，偷空还看看自己亲手装订的书：《一千零一夜》、《大英百科全书》……

每一种经他装订的书，他都想阅读。起初，他装订什么书就读什么书，当他读了沃茨博士写的一本谈学习方法的书后，才懂得怎样选择书籍，有目标地去看书。

读书使法拉第走上了科学之路。《大英百科全书》里讲的那些电的现象、玛西特夫人讲的化学实验等内容，简直把他迷住了，一根玻璃棒在毛皮上摩擦几下，就能吸引纸屑，实在太神奇了。他也想照着书里讲的去做实验，于是他跑到药房里去拣人家扔掉的小瓶子，花半个便士买一点便宜的药品，为自己装备起一个小实验室。

每天晚上一下班，法拉第就钻进那间小阁楼，点上一支蜡烛，开始做实验。他不但弄懂了雷电，而且还亲手制造了一次"雷电"，这使他高兴得如痴如狂。

1810年初的一天，他正要把装好

法拉第

的书送到一位医生家里，在路上他被一张海报吸引住了："塔特姆先生，自然哲学讲演，每次收费1先令。"

晚上他觉得心里烦躁，非常想去听讲演可又没钱，哥哥知道此事后就把自己挣的钱给了法拉第。从1810年2月到1811年9月，法拉第连续听了十几次塔特姆先生的讲演。

他把誊抄清楚的笔记装订成《塔特姆自然哲学讲演录》，送给里波先生。里波先生认真察看了书的装帧，他暗暗赞赏这个小学徒。

有一天，皇家学院的当斯先生来到里波先生的书店，里波把《塔特姆自然哲学讲演录》给当斯先生看，当斯先生问法拉第："你想不想去听戴维教授讲化学？""我太想去了。"

法拉第高兴地回答道。当斯先生把4张入场券塞在法拉第手里。

1812年2月29日，那个期待已久的夜晚终于来到了，当戴维教授出现在皇家学院的大厅里时，周围响起一片掌声。法拉第一动不动地听着，连笔记都忘记了。

每听一次演讲，法拉第的决心就增强一分。他回到阁楼坐在自己的小桌前，在昏暗的烛光下整理戴维教授的讲演记录。他把自己整理和装订的《戴维爵士讲演录》和一封信，一起送到皇家学院。

戴维接过仆人送来的书信，看着这本装帧考究的《戴维爵士讲演录》心里暗想：我没出过什么讲演录啊。当他发现这是手抄的，扉页上还用工整的印刷体写着："四次讲演，亨·戴维爵士讲于皇家学院。法拉第记录整理。"

戴维被这位诚挚、勤奋、坚毅、有献身精神的青年感动了，他马上给法拉第写了回信。1813年1月，戴维和法拉第终于相会。

在戴维博士的努力下，3月1日皇家学院理事会做出决议：戴维先生正式接收法拉第为实验助手，周薪为25先令外加皇家学院顶楼上的两间住房。

1816年，法拉第25岁时，他在布

兰德教授主编的《科学季刊》发表了第一篇科学论文，1817年法拉第发表了6篇论文，1818年又发表了11篇论文。

1821年4月的一天，沃拉斯顿教授对戴维说：两个金属碗中间夹一根导线，通上电流，然后拿一根磁棒移近导线，导线就会绕着自己的轴转起来。戴维很热心地帮沃拉斯顿安装好仪器来做实验，却没有成功。

正当两位科学家热烈讨论的时候，法拉第来到实验室。他早就对电感兴趣，但由于整天忙于化学实验，反而把电的研究搁在一边。戴维和沃拉斯顿的讨论，像火星落在干柴上，又引起了法拉第对电研究的兴趣来。

有一次，他在一个玻璃缸中央立上一根磁棒，缸里倒上水银，露出一个磁极；用铜丝捆在软木上放到水银的缸里，导线一头接在磁棒的一极，另一端通过铜丝再与磁棒的另一极相接，接通电源后，导线开始移动了。

当时没人知道，这竟是世界上第一个马达的前身。法拉第的试验是电磁学上一个重要的突破。法拉第报告自己的实验结果并说明它和沃拉斯顿的电磁转动实验的不同之处。

法拉第拿着报告去找沃拉斯顿和戴维教授，他们都不在伦敦。他把报告寄给《科学季刊》，这篇论文

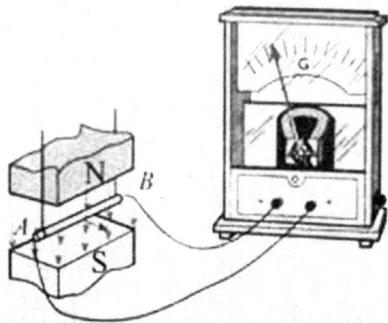

磁电感应

发表后，却引起了轩然大波。开始有人传言说法拉第剽窃沃拉斯顿的研究成果，沃拉斯顿却给法拉第致信鼓励他："你有充分理由，说明你没有不正当地使用人家的建议，在我看来，为这事伤脑筋实在不必。"

1821年的圣诞节，大家都忙着过节，法拉第又做了一个电磁转动的实验。这次，他是让通电导线在地球产生的磁场里转动。一根导线通上电转了起来，把电池正负极掉换，导线又反转起来。

1825年2月7日，法拉第被任命为皇家学院实验室主任。1833年，他在皇家学院获得教授的头衔，那时他已经43岁。戴维和沃拉斯顿去世后，法拉第又重新研究起电磁学。

电能转变成磁，磁是否也能转化成电？有一个时期，法拉第的口袋里总放着一个电磁线圈的模型，一有空

就拿出来比划。

1831年10月17日，磁转变成电的试验成功了，法拉第把这种磁棒运动在线圈中所感应出来的电流叫"磁电"，为了同"伏达电感应"区别，这种感应称为"磁电感应"。

接着，他根据电磁感应原理制造出世界上第一台发电机。有了它和变压器，就可以大量地产生电，从此电就从科学家的实验室走向了工厂、农村和每一个家庭。

他从1831年起从事理论科学研究，从各个角度探讨电、磁、光……寻找新的规律。这些工作后来汇集在《电学实验研究》一书中，成为留给后世的宝贵遗产。

红蓝袜子不分的大科学家

1794年，28岁的英国科学家道尔顿为了庆贺母亲的生日，特地抽出时间走进百货公司。他想为母亲选购一件称心如意的礼物，尽尽孝心。

百货公司里琳琅满目的商品，让人目不暇接，难于选择。道尔顿走过来，看过去，好不容易才看中一双高级丝袜。这双袜子质地极其柔软，光泽、式样、做工都让人满意，特别是那深蓝的色彩，非常适合老年人穿，

显得雅致、大方、古典。

在母亲的寿宴上，道尔顿恭恭敬敬地献上他精心挑选的礼物，对母亲说："妈妈，希望您能喜欢这双袜子。"

望着这位孝顺的儿子，老太太满脸喜悦地接过这双袜子。她仔细端详一番后，宽容地微笑着说：

"傻孩子，这么鲜艳的色彩，我这么大年纪怎么能穿出去呢？"

道尔顿不解地望着母亲，急切地说："妈妈，这深蓝色的袜子不正适合您这年龄吗？"

"什么？深蓝色？哈哈哈……"老太太和一起前来祝贺的客人们都大笑起来，他们以为道尔顿在开玩笑。

这时，道尔顿的哥哥也挤进人群，拿过袜子说："你们笑什么？这真是深蓝色的袜子啊！"

"哈哈哈！"又一阵开心的大笑。

道尔顿兄弟简直被人们笑糊涂了。

妈妈止住了笑，亲切地问道："孩子，这双袜子明明是鲜艳的红色，就跟红玫瑰一样，你们俩怎么说是蓝色的呢？"

这下可真把道尔顿给愣住了，母亲郑重其事的神情，不像在开玩笑。他赶紧使劲地揉了揉自己的眼睛，可

英国科学家道尔顿

他看到的仍然是一双蓝色的丝袜。

怪了！科学家的直觉和理性告诉道尔顿，这里面一定有文章！一定要弄它个水落石出。就在这时，儿时的一桩往事也涌向脑海。

那一年，道尔顿与失学的少年朋友一同到郊外玩，碰巧看见一队步伐整齐的士兵走过。这时，身边的一位男孩忍不住说："多么鲜艳的红色军装，真帅！"

"什么？你怎么连颜色都分不清楚，明明是草绿色的军装嘛！"道尔顿马上指出同伴的错误。可是，他的话却引来了小伙伴们的笑声，窘迫的小道尔顿莫名其妙。

对，这里面一定有问题。道尔顿

决定暂时搁下手头上正在进行的化学实验，对这一怪异现象进行研究。

经过一段时间的努力，终于证实自己和哥哥都因隔代遗传的影响，患有一种先天性的眼科疾病，这种疾病不痛不痒，只是对某些颜色分辨不清，以致有的人根本不知道自己的眼睛不正常。

有着严谨科学态度的道尔顿，又用各种颜色的方块进行了几十种试验，他请人帮忙把方块按各种不同的颜色顺序排列起来，分别记下它们的颜色，然后在他的学生中间进行实验。他终于查明，有的学生根本就不能分辨颜色，有的学生往往认错各种颜色。

善于捕捉科学现象的道尔顿成功地向社会公布了他的研究成果，并将这种眼病叫做"色盲"。他的发现引起了社会上的广泛关注。为了表彰他的努力，英国还将他所发现的色盲症称作"道尔顿症"。

据统计，男性患有色盲的比例远远高于女性。具体而言，男性患者比例均为5%～6%，而女性仅有1%的人患色盲。但他们绝大多数是先天就有的，极少人因后天性眼病而造成色盲。

我们知道，世界上所有的颜色，都由红、黄、蓝三种颜色调合而成。

而在人的视觉器官中。有感受这三种颜色的特别装置，三者缺一不可。如果感受红色的特别装置缺失，人眼就看不到红色，医学上称"红色盲"；同样，有人患有"黄色盲"或"蓝色盲"，也有人同时看不见红黄色，称作"红黄色盲"。

色盲发现的意义在于提醒患者尽量避免从事需要正常的颜色分辨能力的工作，像驾驶、验钞、绘画、设计等。

寻找储存静电的容器

1746年4月，春光明媚的一天。巴黎的市民穿红戴绿、扶老携幼，像赶庙会一样，从四面八方向"巴黎圣母院"教堂前的广场赶去，来观看一场神奇的科学表演。

下午3时，教堂正门台阶上临时搭起的观礼台上，坐满了达官显贵和皇室人员，四周彩旗飘扬，鼓乐齐鸣；只见一队700名修道士在一名神父的带领下，缓缓地步入了广场。表演开始了。为首的神父——巴黎实验物理学校教师诺雷走向观礼台，鞠躬致礼后，让700名修道士手拉手地围成一个直径约270米的半圆圈，他走到圆圈的中心，将一只银光闪闪的玻璃瓶高高举起，大声说："这瓶就是近几个月来人们热衷议论的莱顿瓶，现在我将使各位大人亲眼目睹它的神威。"接着，他令助手拿来摩擦起电机，手摇把柄，向莱顿瓶充电。然后，他让排头的修道士手捧玻璃瓶，再令排尾的修道士准备用手去握住莱顿瓶中央金属棒引出的导线。就在这修道士握住导线的瞬间，蓦然一声"噼啪"响，700多名修道士同时像触电一样，跳了起来，一个个吓得面如土色。这一触目惊心的场面，使所有的观众都惊得目瞪口呆：小小的玻璃瓶，哪来这么巨大的威力，真是不可思议！

"这威力并不是来自瓶子，而是这莱顿瓶里储藏的电。电，将是未来世界的主宰。"诺雷教师讲起了莱顿瓶的发明故事来。

1745年，在荷兰王国的阿姆斯特丹与海牙之间，有一座美丽而静谧的小城，叫莱顿城。城里有一所古老又著名的高等学府，就是创建于中世纪的莱顿大学。大学里有一位从事刚兴起的电现象研究的物理学家，名叫马森布罗克，他对当时发明的几种摩擦起电机很感兴趣，经常用它来做电现象的实验，但从起电机得到的静电荷放不了几分钟就跑掉了，这使他感到很伤脑筋。马森布罗克教授想通过实验找到一种能把静电"储存"起来的容器。

那一天，他来到实验室的时候，他的助手和往常一样，已把实验装置准备好了。桌上摆着一台摩擦起电机，上方用丝线水平悬吊着一根铁管，铁管的一端正好碰在起电机的玻璃球上；另一端铁管上绕着一根铜丝，并悬挂下来。为了验证起电机产生的电荷能从铁管的玻璃球端传到铜丝端，待助手摇起起电机后，他便用手指接近铜丝，立即看到手指与铜丝之间的电火花。

有一天，他忽然产生了一个灵感，让助手找来一个盛水的玻璃瓶，用丝线吊上绕有铜丝的铁管一端，使铜丝正好插在玻璃瓶的水中。他想，铁管上传过来的电荷也许能储存在水中。实验开始了，助手一次又一次地手摇起电机，他也一次次小心地用手指测试电火花。突然他发现瓶子有点晃动，于是他伸过另一只手去托住瓶子。猛然一声巨响，把马森布罗克击倒在地，他觉得手臂一阵麻痛，比平时手指受到的针刺般灼痛要厉害不知多少倍。后来他在给朋友的信里是这样说的："忽然间，我的右手遭到了猛然一击，全身好像触了电一样，手臂和全身都有一种说不出的难受感，我想，这次我要完蛋了。可是，那薄

壁的玻璃瓶却没有任何破裂，我的手也没有因此而移位。"

这次意外的事件使马森布罗克意识到，一定是那只盛水的玻璃瓶把起电机一次次产生的静电储存起来，然后再突然释放，所以有如此巨大的威力。但他还不清楚，究竟是瓶子还是瓶里的水，起到了保存电的作用？

尽管马森布罗克一时还未弄清楚这现象的来龙去脉，但强烈的放电立即引起周围人的好奇。消息不胫而走，闻讯赶来看热闹的人络绎不绝；很快被法国的诺雷神父知道了，他对用水"储存"电很有兴趣，反复做着实验，终于弄明白是干燥的玻璃瓶把静电"储存"起来。因为这个最早的储存电的容器，是马森布罗克在莱顿城发明的，后来大家就把它叫做"莱顿瓶"。

马森布罗克和诺雷知道了是干燥的玻璃瓶能够储存静电以后，就着手对莱顿瓶作改进。在一个玻璃瓶的内外壁上各贴上一层锡箔，瓶口盖上绝缘的软木塞，塞子中央打个孔，插上一根金属棒，棒的上端是个金属球，下端用金属链与锡箔相连。这样制造的莱顿瓶，当用一个带电体或起电机的导体与金属球接触时，假如带电体带正电，瓶里的锡箔上也会带上正电，由于静电感应的缘故，瓶外的

锡箔因与大地接触，大地上就会有负电荷跑到瓶外的锡箔上，这时一旦把带电体移去，内外锡箔上带的正、负电荷因为彼此相互吸引，好像组成一个"家"一样，都和睦相处地留在那里，很长时间也不会跑散。这就是莱顿瓶充电的原理。

要使用莱顿瓶里的电时，只要用导体将金属球和瓶外壁锡箔相接，就会产生强烈的火花放电，并有一股气味；放电时发出的电火花可点燃酒精灯，待到瓶内外两种电荷互相中和，不再带电为止。

莱顿瓶发明不久，有海船将南美一种叫电鳐的带电鱼带到伦敦，引起当地市民的极大兴趣。人们用手碰碰这种鱼的头和尾部，就会受到猛然一击，尽管这种打击的滋味与莱顿瓶放电很相似，但很难叫人相信是电。后来，有位科学家让电鳐给莱顿瓶充了电，从此大家都相信电鳐的攻击是一种动物的放电现象。莱顿瓶作为当时使人们认识电的仪器是很有意思的，一些人用它来作电杀小鸡、小鸟或使钢针磁化的表演，也有人用它来作"以身试电"的实验，他们甚至以能亲身受电一击为荣。这些有趣的实验和表演，实际上起了为电现象做广

莱顿瓶的发明

告的作用，吸引广大有识之士投身到电学研究中去。富兰克林就是一个例子。另外，现在的收音机、电视机里面使用的电容器，就是根据莱顿瓶的原理制成的。

用钢丝来贮存声音

1900年的巴黎博览会上，一架宛如电话那样的机器引得人群纷纷驻脚。表演者拿起电话话筒介绍说："女士们，先生们！这不是电话机，而是一架能贮存声音的机器。"正当大家将信将疑时，表演者将手柄摇了一圈，拿起电话听筒对着观众，随着就从听筒里传出表演者刚才的话音，非常清晰，连讲话人的呼吸声都能听得清清楚楚。于是，人们争相拿话筒试讲，试听，询问这是怎么回事。

事情还得从两年前讲起。丹麦有位科学家，叫鲍尔森。他和许多国家的科学家一样，都在努力改进爱迪生在21年前发明的留声机。使用留声机时，要对着大喇叭高声讲话，很不方便；打电话就不一样，轻声讲话和歌唱，对方都能听见。电话是靠话筒将声音的振动信号变成电信号，电线将电信号传到对方的话筒，由听筒将电信号还原成声音。如果能把电线无限

延长，或者把声音留在话筒里，慢点变成电信号，岂不可以把声音的信号先变成某种信号存贮起来吗？想着，想着，鲍尔森感到已悟出一个办法来。

鲍尔森用钢丝做实验，钢丝在磁力的作用下会变成磁铁，在磁力消失后钢丝仍会留有磁性，科学家叫它为剩磁。如果磁化时的磁性较弱，那么钢丝上留的剩磁也较弱；磁性强，剩磁也就越强。于是，他把一条长钢丝绕到一个卷轴上，钢丝通过一个电磁铁与另一个卷轴相连；话筒就与电磁铁的线圈相连。这样，电磁铁就把话筒里的电信号变成变化的磁场，变化的磁场又使钢丝磁化产生随声音强弱不同的剩磁，这样，声音就被记录在钢丝上了。这就是鲍尔森带到巴黎博览会上的钢丝录音机。

鲍尔森的钢丝录音机有个缺点，就是声音还太轻，再说钢丝使用起来也不方便，所以人们对它逐渐失去兴趣。

磁性录音机很快得到发展是在1927年以后，美国人卡尔松和卡本特发明了电子管组成的扩音器。这种扩音器既能把声音放大，又能除去噪音。这时，美国有个无线电爱好者，叫马文·卡姆拉斯。他从小就喜爱动手制作，如自制一架晶体管收音机，

钢丝录音机

搞一台无线电发射机，在亲戚朋友中很有点名气。马文·卡姆拉斯有个堂兄，喜欢在浴室里唱歌。有一天，这位堂兄心血来潮，他对着浴室的镜子唱歌，越唱越感到自己的歌喉可同歌唱家媲美，要是能将自己的歌录在唱片上该多好啊！于是他找马文·卡姆拉斯，要他设法帮忙。马文想：仅仅为了练习，用唱片录音太浪费了。现在有了扩音器，不妨用钢丝录音机试试。但钢丝从一个卷轴绕到另一个卷轴时，经常发生扭曲，以致损坏了录上去的磁信号。马文试来试去，想出

了一个好办法。他采用一个环形的电磁铁作磁头，将钢丝穿过环形磁头，使钢丝周围都处在磁场中，可以受到均匀的磁化。

马文·卡姆拉斯把一台创新的录音机制成后，就给他的堂兄进行录音。当他的堂兄得意地引喉高歌一番后，马文就把录好的钢丝倒回来。奇怪，倒钢丝时怎么能听到逆向的歌声，而在放音时，却一点声音也没有。这是怎么回事呢？马文继续进行研究实验，问题找到了。毛病出在录音时磁头被磁化了，因

此当倒转钢丝时，声音就被擦掉了。于是他再给磁头进行消磁，这样，无论在正转或倒转都能放出录音，堂兄的歌声响彻房间。马文和堂兄都快乐极了。晚上，他们请来了许多同学和邻居，大家争着试录音，都为马文的录音机能如此真实地将声音录在钢丝上而赞口不绝。

早期的磁性录音要用质量很高的钢丝或钢带，非常笨重和不方便。录音机真正广泛流行和实际应用还是在发明磁带以后。1935年，德国科学家福劳耶玛发明了代替钢丝的磁带。这种磁带是用纸带或塑料带作带基，带基上涂上一层叫四氧化三铁的磁性粉末，用化学胶体牢牢地粘结在一起。这种磁带柔韧有弹性，不容易断，又很容易剪接，携带和使用起来非常方便。由于磁带有这样一些优点，磁带录音机就很快得到流行。

最费时间和心血的发明

自1900年伏达发明电池以后，人们用电离不开蓄电池。可是，当时的蓄电池都是铅与硫酸制成的，叫做铅—硫酸电池。在这种电池里，由于铅无法经受硫酸的强大腐蚀作用，容易腐烂变质，所以寿命短，并且不能反复充电。

爱迪生站在西奥伦治研究所图书室窗前，凭窗眺望，他苦苦地思索着：能不能找到一种不是强酸的溶液代替硫酸，再找一种能与新溶液起化学作用，并能产生电流的物质，代替铅。

爱迪生决心已下，开始了漫长而艰辛的实验。他动员了很多很多的人力，几乎找来所有能找到的化学元素，一个接一个地做试验。他的手指被腐蚀性强的化学药水浸蚀后，疼痛难忍，到了晚上不能入睡，他就把手伸直举得高高的，减轻一些疼痛。

千万次的失败，有些实验人员已沉不住气了，开始怀疑起来。他们背地里嘀咕说："无数次的失败，既然令人看不到有丝毫希望，那也就反过来证明制造蓄电池，不可能不用铅。"

这话传到爱迪生的耳里，他只是淡淡地一笑："大自然不至于这样吝啬吧？也许制造好的蓄电池的秘密早已存在，只要我们百折不挠地挖掘下去，迟早总会发现的。"他决心加倍地努力，继续实验下去。他把实验人员分成两班，昼夜不停地做实验。而他自己依然通贯到底，从早到晚，吃住在实验室。有时实在太困倦了，就靠在椅背上，打个盹后，又通宵达旦地干起来了。

时间一年复一年地流逝。爱迪生已年过半百，但他仍日夜工作在实验室，并谢绝接待各种客人；只有一位极要好的老朋友是例外的。一次，这位老朋友来参观实验室，看到实验室里堆满了各种试验用的小电池，大约有四五百个，为他惋惜。爱迪生听了，爽朗地笑了起来："我已经得到很多了。我现在知道有好几千种物质，是不能用做蓄电池的。"

许多试验要用广口玻璃瓶，有时一次要用几百只。一次试验失败后，一个助手看着一大堆破的玻璃瓶，问爱迪生还能做什么？爱迪生风趣而坚定地说："能做的事是再买几百只玻璃瓶，继续干下去。"

在实验室的大长桌上，每次都摆满了几百只玻璃瓶。老朋友见了便问道："实验了这么多年，你已做过多少次实验？"爱迪生伸出了4个指头，比了比。

"400次？"

见爱迪生摇摇头，老朋友大着胆子问："难道4000次？"爱迪生还是摇头，老朋友不敢相信了："4万次？我的天啦！难道就这样无休止地试下去？"

爱迪生发明了蓄电池

"没有捷径可走。"爱迪生平静地答道："我的原则是：审慎地思考，然后努力去实验。只要一步步地往前走，总有一天会走过去的。"

1904年初，在经过近十年的试验之后，爱迪生终于找到了用烧碱(氢氧化钠)溶液代替硫酸，用镍和铁代替铅，制成了一种新型的镍铁碱电池。因为烧碱溶液对镍铁没有腐蚀作用，这种新电池的寿命可延长数倍，而且电力足，轻巧灵便。

爱迪生的新型镍铁碱性蓄电池试验成功后，他的助手问他："是不是马上公布新的蓄电池发明成功的消息？"爱迪生连忙摆手说："别忙，试验并未结束，还有一道难关在后面呐！"他用新电池装备了6部不同的电动车，让6名工人每人开一台到野

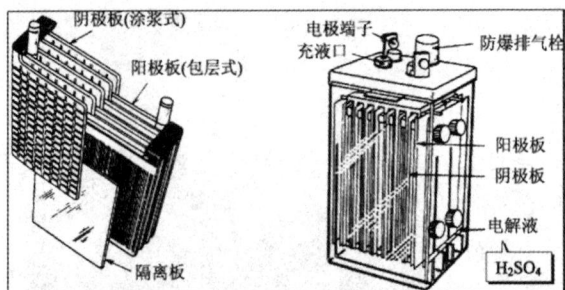

铅蓄电池的构造

外道路上做试验。这样经过两个多月反反复复的颠簸，结果证明电池不怕震荡，才准备把这种蓄电池投入生产。

爱迪生在西奥伦治附近修建了一所专门从事镍铁碱性蓄电池生产的工厂，订货单像雪片一样飞来。但在新产品出厂后几个月，一份用户报告引起了爱迪生的注意：装在电动车上的蓄电池，经过几个月的震颤后，有漏电现象。他立即派人做普遍调查，结果是效果良好，漏电的约占4%。

爱迪生随即下令：停产，收回刚出厂的产品！厂长知道了，他很不情愿说："虽然新蓄电池有点问题，但总比以前市面上的老蓄电池好多了。"

"人家的产品我不管，但我生产的东西，在连我自己都不满意时，为什么要让别人用呢？还是我们来找'臭虫'吧！"（爱迪生爱把故障叫作"臭虫"）。

为了这条"臭虫"，他们又进行了上万次试验，经过5年的努力，才重新制成"A型蓄电池"。

这种比较理想的蓄电池马上被海军装上了潜艇。海军对这种电池评价颇高：由于潜艇在水中是通过大钢瓶供给氧气，过去的蓄电池所产生的有毒气体无法排出；采用这种新的蓄电池后，不会产生有毒气体，海军非常满意。他们又问："这种蓄电池，使用寿命有多长呢？"

爱迪生非常有把握地回答："如果保养得好的话，经过4年，性能还是不变，甚至更久。"

1909年，这种新型的镍铁碱蓄电池便投入了大规模生产，直至今天，人们还在使用这种蓄电池。为了纪念这位劳苦功高的发明人，人们把这种电池称为"爱迪生蓄电池"。

透视射线的发明

1845年3月27日，伟大的德国物理学家，X射线的发明人威廉海姆·康拉德·伦琴诞生在德国西南部的小镇里乃堡。

1869年6月22日，24岁的伦琴从苏黎世工业大学毕业了，并获得了哲学博士学位，他的老师孔特教授让伦琴留在学校当他的助手，伦琴非常愉快地答应了。

1874年3月13日，伦琴当上了斯特拉斯堡大学的讲师，开始专心研究起电来。

以后他又当上了教授，他的研究领域更深更广了。"光""电"吸引住了伦琴，他用自制的测定装置进行研究，明确了"光"和"磁"的关系。

1879年4月1日，伦琴当上了德国黑森州中部吉森大学的物理教授并主持物理实验室工作。伦琴上任后不仅自己设计了蓝图而且亲自指导学生做实验，大家非常尊敬他。

伦琴亲自制作灵敏度很高的温度计，指导学生做实验，证明了水蒸汽更容易吸收热量的问题。伦琴在德国物理界成了权威人士。

接着他抢先英国物理学家法拉第一步，证明了由于磁力线的作用，在转动的玻璃板上有电流流动。后人命名为"伦琴电流"。

1894年1月2日，伦琴当上了维尔茨堡大学的校长，也就在这时，他开始研究起阴极射线，这是他电流研究

的继续。

1895年11月8日，晚秋的冷风吹得树叶飘落纷飞，傍晚时分，老师、学生们都回家了，伦琴却走进实验室。

伦琴在实验室泡了一整天，研究的是阴极射线。为了使射线集中向一个方向，他在发射管外包了一张黑色的硬纸筒，这样，除了一个方向，其他方向不会有射线溢出。

回家的路上，伦琴突然记不得自己是不是关上了电源。灯关了，电源不切断，发射管便会损坏。这种马马虎虎的事，伦琴已有过好多次，他宁愿再回实验室一趟，也不愿自己宝贵

伦琴

伦琴发现了X射线的实验室

的实验设备出毛病。

打开实验室大门，伦琴立即看到，阴极发射管附近有微光。好险，幸亏自己决定回来，否则又得申请更换设备了。他正要去切断电源，突然发觉那微光不正常，他已经能辨别室内部位，那种荧绿色的微光不仅不在安放发射管的地方，而且光色也不对。

伦琴打开电灯，看清了刚才发光的居然是仪器旁边桌上的一块纸屏，纸屏上，伦琴曾镀过发光晶体，这种晶体在高能粒子流的放射下，会发出那种莹绿的光。

哪来的高能射线流？阴极射线管四周套着黑色硬纸板圈，阴极射线根本不可能射向纸屏。

伦琴没有切断电源，只是把灯关了，纸屏上的微光又出现了。接着，他把电源切断，阴极发射管停止工作，那团莹光立即消失。看来，阴极发射管居然还发射一种人的肉眼无法感知的，并且能够穿透黑色硬纸板的射线束。

他立刻想起了前几天实验室发生过的另一桩怪事：放在纸屏同一张桌子上的一包感光片，没人拆动过包装纸，却毫无道理地完全曝了光。当时，伦琴以为是感光片质量有问题，现在看来，作怪的是同一种射线，一种伦琴从未知道的射线。伦琴开始意识到，一次偶然的疏忽，让他站到了一种新物理现象发现的大门口。

伦琴在实验室一连住了十几天，测试这种射线的特征。穿透力是测试的重点，他找来种种能隔开射线穿透的材料，把感光片贴在它们后面，照射后拿去冲洗。金箔、银箔、铁片、木板，都一一试过，这些材料都挡不住未知射线的穿透。

最后一次，他取来一块小铅板，小铅板没能完全遮没感光片，他只得用手扶住它。谁知底片冲洗出来以后，伦琴又意外地发现，底片上铅板部分没被感光，而自己那只手，也在底片上留下了痕迹，留下的是自己手的骨骼图像。结论已经有了：神秘的射线不能穿透铅板，也不能穿透人的骨骼，因为骨骼主要是由钙构成的，射线穿不透钙质。

伦琴立即举行了实验结果报告，到会的科学家里，最激动的当推大学里的医学专家。他们从伦琴的实验结果里，找到了一种强有力的科学手段，凭借伦琴的射线，医学家可以穿透人的皮肉，看到骨骼的真相，确定与骨骼有关的病情。而以前，他们只能凭经验，或者动手术切开皮肉才能看到真相。医生们建议，把这种新发现的射线称作"伦琴射线"，但伦琴当场表示，新射线的许多性质他还不清楚，他还要像一位中学生，去求解

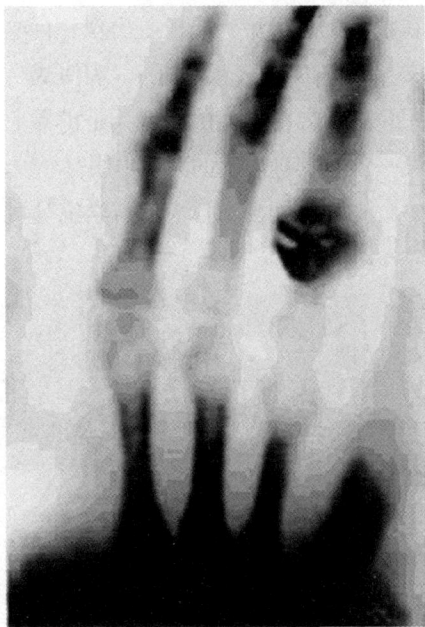

1895年，伦琴夫人的手指的X射线照

这个代数式，因此他决定把射线称作"X"射线。

新的世纪终于来临，在世纪之初，瑞典科学院设立了第一个诺贝尔物理学奖金。为了表彰伦琴的伟大发现，为了表彰他对物理事业一贯的热忱，一丝不苟的科学态度和辛勤的劳动，他成为全人类第一个物理学诺贝尔奖奖金的获得者。

电波征服地球

1888年，29岁的波波夫得知赫兹发现电磁波的消息后，异常兴奋。他敏锐地察觉到：这是一方大有作为的天地。此时，曾经立志推广电灯的波波夫，改变了研究的方向。他在给朋友的信中说："我用毕生的精力去安装电灯，对于广阔的俄罗斯来说，只不过照亮了很小的一角；要是我能指挥电磁波，就可以飞越整个世界！"

此后，他埋头研究，向自己的目标发起了冲击。

1894年，波波夫在汲取法国的布兰利、美国的李奇等同行的经验的基础上，制成了一台无线电接收机。这台接收机的核心部分用的是改进了的金属屑检波器。它的结构与李奇研制接收机相似。但它不用打字机，而改

波波夫

用电铃作终端显示，电铃的小锤可以把检波器里的金属屑振松。电铃用一个电磁继电器带动，当金属屑检波器检测到电磁波时，继电器接通电源，电铃就响起来。这台接收机的灵敏度要比李奇研制的那台好多了。

波波夫还在这台接收机上创造性地使用天线。天线的发明是十分偶然的。有一次，波波夫在实验中发现，接收机检测电波的距离突然比往常增大了许多。"这是怎么回事呢？"波波夫一直找不出原因。后来，他发现一根导线搭在金属屑检波器上。他把导线拿开，电铃就不响了；把实验距离缩小到原来的距离，电铃又响了起来。波波夫喜出望外，连忙把导线接到金属检波器的一头，并把检波器的

另一头接上。经过再次试验，结果表明，使用天线后信号传递距离增长许多。就这样，无线电天线问世了！

此后不久，波波夫用电报机代替电铃，作为接收机的终端。这样，世界上的第一台无线电发报机诞生了。

1896年3月24日，波波夫在俄国物理化学协会年会上，正式进行无线电传递莫尔斯电码的表演。

在表演之前，波波夫把收报机装设在会议大厅，把发射机放在距大厅250米外的一座大楼里。表演开始了，发射机发出信号，收报机的纸带上打出了相应的点和线。会议主席把接收到的电码翻译成文字，并逐一写在墨板上。最后，黑板上出现一行电文："海因利茨·赫兹"。表演成功了！这份寥寥数字的电报，是世界上第一份有明确内容的无线电报。

1896年初夏，意大利科学家马可

第一台无线电接收机

马可尼接收到第一个无线信号

尼离开祖国，登上了开往英国伦敦的邮轮。

马可尼16岁那年，在意大利波隆那大学读书，他的老师是赫赫有名的电学专家李奇教授。李奇十分喜欢这位聪颖好学的学生，常常将一些学术杂志借给马可尼看。有一次，马可尼在杂志上看到了几篇介绍赫兹实验的文章。他感到赫兹打开了电学的一扇窗口，外面的世界一定还很精彩。于是，他在李奇的指导下，阅读了许多有关的文章，做了一些电磁实验。

此后，马可尼在家里庄园的楼上潜心做实验。在那里，他不知度过了多少不眠之夜。1894年，马可尼实现

无线电信号传送。他在楼上楼下分别装上发报接收装置。他在楼上一按电钮，楼下客厅里就传来一阵阵铃声。马可尼深受鼓舞。

次年秋天，马可尼把发报装置装在离家2.7千米外的一个小山顶上，把接收装置安放在家里的三楼上。结果，接收装置收到了发报装置发出的信号。马可尼的试验又获得成功。

马可尼准备将实验距离扩大，进一步加强电磁波的发射能力。可这需要一大笔的经费。他立即写信给邮电部长，阐明实验的重大意义，要求邮电部门予以支持。可政府部门对此不感兴趣，认为马可尼是骗子。痛心至

极的马可尼只好离开意大利，来到对科学技术颇为重视的英国。

马可尼来到英国后，得到政府及学术界的热烈欢迎。英国政府批准了他的发明专利，并为他提供一切实验条件。有了良好的条件，马可尼如虎添翼，实验进展十分顺利。

1897年5月11日，马可尼在英国西海岸布里斯托尔海峡南端的拉渥洛克，进行了跨海无线电通信实验。在发报和接收两地竖起一根很高的杆子，上面架设了用金属圆筒制成的天线。实验获得成功，使通信距离达到4.8千米。这一成绩，与波波夫在这年年初取得的通信距离在5千米的结果十分相近。

同年5月18日，马可尼又完成了从拉渥洛克发往另一个小岛布瑞当的跨海收发报通信。这次，他用双面覆盖着锡箔的风筝代替天线。因为风筝可以升得更高，使收发距离猛增到14.5千米。

马可尼的无线电千米技术已居于世界最先进的水平。他远远地把波波夫抛在后面。

1901年12月，马可尼在英国的康沃尔建立了一个装备有大功率发射机和先进天线设备的发射台。然后，带着助手来到大西洋彼岸的加拿大约翰斯，安装接收装置，并用氢气球把天线高高吊起。

从12月5日起，英国康沃尔发射台开始连续使用60米高的天线发射无线电波。可在此时，氢气球爆炸，整个实验面临夭折的危险。12月12日，马可尼只好临时用大风筝把天线升到121米的高空。终于，他们收到英国发出的事先商定好的莫尔斯电码"S"。跨洋收发报距离达3200千米的实验成功了！

这一消息轰动了世界。各大报纸以醒目的标题竞相报道："电波征服了地球""马可尼发明横跨大西洋无线电报获成功"……

此后，无线电波开始为人类服务，它使人类的通信事业获得了空前的提高。

梦中的奇遇

1829年，德国著名的化学家德里希·奥古斯特·凯库勒出生在达姆斯塔特小城，在学校读书时，凯库勒出众的才华就令他的老师和同学们赞叹不已。

有一次，老师在语文课上布置了一道作文题，要求学生们在下课前交卷。全班同学都紧张地在作文纸上埋头写了起来，可凯库勒却若无其事地坐着，甚至昂着头悠闲地看着天花板出神。老师见凯库勒一字不写，还悠然自得，忍不住用责备的眼光暗示他赶紧动笔。没想到，快下课时，凯库勒居然拿着手中的白纸出口成章地"读"了起来。这篇即兴之作博得了老师和同学们一阵热烈的掌声。

不过，凯库勒没有成为作家。他的父亲为他选择了一个似乎更切合实际的方向，让他去学建筑。在他父亲眼里，建筑师既体面又能赚钱，是儿子理想的出路。

于是，凯库勒来到德国西部的吉森大学专攻建筑。就是在这里，凯库勒的人生发生了重大的转折。

有一次，他听几个同学提起大化学家李比希的名字。凯库勒决定去听李比希的课。第一堂听下来，凯库勒一下被大化学家讲的课迷住了。从此，他迷恋上了化学，以至于他下决心改修化学课。

李比希的渊博学识给凯库勒留下了深刻的印象，他坚定了献身化学的决心。

从1850年秋天开始，凯库勒就在李比希主持的实验室中工作。在名师的悉心指点下，凯库勒受益匪浅。他不仅学到了这位化学大师多样而扎实的研究方法，而且也学到了认真细致、一丝不苟的科学态度。这些为他

凯库勒

日后的化学研究打下了坚实的基础。

19世纪中叶，随着石油工业、炼焦工业的迅速发展，有机化学的研究也随着蓬勃发展。有一种叫苯的重要有机化学原料，它是从煤焦油中提取的芳香的液体。当时，化学家们不知如何理解苯的结构。苯的分子中含有6个碳原子和6个氢原子，碳的化合价是四价，氢的化合价是一价。那么，1个碳原子就要和4个氢原子化合，6个碳原子该和12个氢原子化合(因为碳原子和碳原子之间还要化合)。而苯怎么会是6个碳原子和6个氢原子化合呢？科学家们百思不得其解。

这时，凯库勒也着手探索这个难题。他的脑子里始终充满着苯的6个碳原子和6个氢原子，他经常每天只睡三四个小时，一干起来就不歇手。他在黑板上、地板上、笔记本上、墙壁上画着各式各样的化学结构式，设想过几十种可能的排法。但是，都经不起推敲，被自己全部否定了。

一天晚上，凯库勒坐马车回家。他在马车上昏昏欲睡，不知不觉进入了梦乡。凯库勒在半睡半醒之中，他发现碳原子和氢原子在眼前碰撞、跳动，跳着跳着，便结合在一起，连成两条长长的链子，链子一端附着小原子。一条消失了，另一条又闪了过来……凯库勒想让它们停下来，可是，那些奇怪的链子还在他眼前闪来闪去，他想用手去抓，可手一伸，链子又全部消失。

"先生，您到家了！"马车夫大声叫醒了凯库勒。他睁开眼，茫然四顾，咦，那些奇怪的链条呢？与此同时，一个清晰的想法在他的脑海里形成：碳原子的结构是氢原子相互结合而形成的一条长链，氢原子止是附在这根长链子上。这种碳原子和氢原子化合物被他称为链式化合物。

但是，问题又来了，链式化合物的理论无法解释苯的结构。凯库勒又

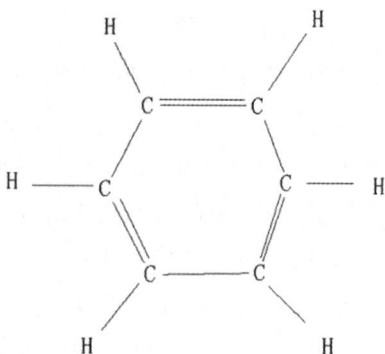

苯的结构式

开始研究。几个月过去了，丝毫没有结果。

转眼到了第二年冬天，那是个大雪纷飞的夜晚，凯库勒坐在家里，一边在纸上画着化学结构式，一边思考着解释苯的结构。炉火就在离他不远的地方，烤得他周身暖洋洋的。不知不觉，他又进入了梦乡。

刚闭上眼，那些调皮的原子又在他眼前碰撞、跳跃。开始，它们排列成像蛇一样的形状，一会儿弯曲，一会儿伸直，一会儿翻卷，跳着跳着，突然，这条蛇竟然咬住了自己的尾巴，形成一个圆圈，那圆圈不停地旋转，越转越快，活像一条金黄色的蛇在狂舞……凯库勒像被电击似地从梦中惊醒，但那神奇的金蛇还在他眼前飞舞……

当晚，凯库勒把梦中见到的情景记录下来，他对着这奇怪的图案一直想到天亮，终于想出了一种用环形来表示苯分子结构的式子，建立了六边形结构的理论。从此，化学家们不必完全凭天真的臆想和推测，而走上了先测定分子结构，再人工合成的预知方向的道路。经过论证，凯库勒终于第一个提出了苯的环状结构式，解决了有机化学上长期悬而未决的一个难题。

梦到的"元素周期表"

俄罗斯化学家门捷列夫1834年2月7日出生在俄国西伯利亚的托博尔斯克市。他从小热爱劳动，喜爱大自然，学习勤奋。

27岁的时候，门捷列夫不仅读完了他的学业，而且在化学的研究上崭露头角，化学界升起了一颗新星。不只是他就读的德国海德堡大学，德国的其他著名研究单位也都看上了这位年轻的俄国学者，他们纷纷向门捷列夫提出邀请，要他到自己的单位工作，同时列出了种种优厚的条件。但是，门捷列夫总是这样回答他们："我十分感谢德国的同行，他们为我提供了我们国内还没有的学习和实验

的条件，使我得以完成自己的学业。现在我该把自己学到的知识奉献给自己的祖国了，我相信，不久我们俄国也会有像你们一样的学习条件的，我们的青年就不必千里迢迢去国外学习了。"

回到俄国彼得堡大学，门捷列夫一头扎进教学工作，为了俄罗斯，为了俄罗斯的化学事业，他要培养出更多的年轻学者来。他的第一个任务，就是赶快替学生们编写出一本系统的化学教材来，彼得堡大学的原教材实在是太陈旧了，不能反映当今世界的最新成果，用这种教材教育学生，永远只会在别人后边踏步。

这本名为《化学原理》的教材看起来并不难写，门捷列夫估计当下一个学年开始时，新入学的学生便可以用上它了。可是，当他写完第一卷，开始编纂第二卷《化学元素的描述》时，却遇上了意想不到的麻烦。

当时，对化学元素的研究已有了长足的进步，64种已知元素的内部结构已经被揭示出来。门捷列夫隐隐觉得，这些已知元素本身有一种客观存在的序列，自己的讲义应该正确反映出这种科学规律。反正不能胡乱对学生介绍一通，也不能像以前的教科书那样，简单地按各元素发现时间的先后，或者它们在自然界含量的多少来

门捷列夫

排列，门捷列夫不希望自己在课堂上开杂货铺。

初看起来，要完成这样的序列并不困难，但一旦做起来却十分困难。64种元素无论如何怎么排，总无法找到它们之间的规律。新学年开始了，可门捷列夫还不能找到第二卷的门径。他只能一边按旧的教材上课，一边向学生们陈述自己的看法，同时加紧进行自己的研究。

每一天的课后，门捷列夫总是把记载着64种元素特征的卡片摊开在工作台上，像排扑克牌般排了又拆，拆了又排。他的工作时间之长历来是够惊人的，每天清晨去授课，下课后一直工作到下午5点，稍稍吃点东西，又从下午6点工作到深夜。就是这

样，他也始终无法解决自己追求的元素序列之迷。

为元素的排列，门捷列夫足足忙了三个年头，他的兴趣丝毫不减，64张卡片早已换过两遍，这一套也已经摆弄烂了。但还有那么三四张，无法跟自己设想的规律吻合。行百里者半九十，最后的关头，是最有希望的时候，也往往是最困难的时刻。

为了突破这最后一关，门捷列夫把自己关在工作室里，一连三天三夜没出门一步，除了给他送吃的来，他也不让任何人进门。无数种设想从他脑际飞过，又一次次被推翻，那三四处总无法顺利排入那张表格。

门捷列夫实在太累了，深夜，他迷迷糊糊靠在办公桌边，进入了梦乡。即使在梦中，他的思维还在进行着，他自己觉得，还在继续摆着三年多来魂牵梦萦的元素表。

他分明看到，那张快接近成功的表格上，几个无法解释的格子里，几种闪着奇异光泽的金属正在闪现，他不知道它们究竟是什么元素，但它们的性质、原子量，以及特性，门捷列夫都十分熟悉，好像面对着几位老朋友。

突然，那些金属一阵闪烁，统统不见了，格子里一片空白。门捷列夫一下子惊醒过来，觉得几天的思索在

元素周期表

梦中突然找到了解答，自己一直想把64种元素填到64个格子中去，却忽略了这64种元素绝对不会是自然元素的全部，他急忙把梦中那几个格子空出来，整个元素的序列立刻展现出它们固有的规律，门捷列夫三年多的努力没有白费，他终于把自己的事业推到了一个新的高度，完成了自己的"元素周期表"。

那三个空格，门捷列夫暂时叫它们"类硼""类铝""类硅"，并详细地描述了它们的特性，给出了它们的化学数据。17年后，科学家们分别在闪锌矿里提炼出新元素镓，发现了新元素钪；又在银矿石里找到跟银共生的元素锗，它们的化学特性，分别跟"类硼""类铝""类硅"一模一样。新元素的发现不仅证明了门捷列夫"元素周期表"的正确，也证明了一个真理，只要全身心地投入自己从事的事业，就能在自己从事的领域中创造出奇迹般的成就来。

神奇的大气压

1654年的一天，德国东南部一个名叫马德堡的小镇上人头攒动，异常喧闹。原来，皇帝将圣驾光临，为的是观看一位名叫盖利克的人进行表演。

盖利克

不一会儿，表演开始了，马德堡镇万人空巷。老百姓密密匝匝地围聚在镇中心的广场上。

这时，只见广场上站立着16匹雄赳赳气昂昂的骏马，分成左右两队，每队各有8匹马。两队骏马彼此背向排列，用铁链和绳索牵引着一个直径为25厘米的铜球。这只铜球是表演者盖利克事先在铁器店里定做的，中间是空心的，它由两个半球合拢而成。两个半球的边缘经过精心打磨，显得十分平整，因此能紧密地吻合在一起而不会漏气。表演之前，盖利克先用抽气机将铜球内的空气全部抽光，铜球里面形成了真空。

"开始！"盖利克一声令下，只听两边的马夫"啪！"地甩响马鞭。策马往各自的方向奔去。谁知这些马使足了劲儿往前拉，却怎么也无法将两个半球分开。

皇帝看呆了，老百姓们也傻了眼，他们怎么也难相信这16匹高头大马居然拉不开这两个紧紧地贴合在一起的半球！更令人费解的是，盖利克让骏马停下来，然后拿起铜球，轻轻地拧动开关，只听"哧"的一声，铜球被轻而易举地分开了。

盖利克解释道："其实这里面也没有什么魔力，主要是因为铜球里面的空气被完全抽走了，球面所受到的大气压力将两个半球紧紧地挤压在一起。而一旦把空气再放回铜球里面，里外压力相等，就很容易将它们分开了。"

真是神奇无比的大气压！

原来，盖利克以极其生动形象的演示，让人们大致了解了大气压。

可是，大气压力究竟有多大呢？不少科学家对此进行了探索。

意大利著名的科学家伽利略早就注意到空气有重量这一事实。他做过一个实验，将一个装有空气的瓶子密封起来，放到天平上与一小堆细沙平衡。然后，他设法用打气筒往这只瓶子里打进更多的空气，再加以密封。

马德堡半球实验

结果发现，这时瓶子在天平上显得比以前重了一些，必须在沙堆里再加上一两粒细沙才能保持平衡。显然，瓶子变重是因为里面的空气增加了。因此，伽利略断言，空气是有重量的，尽管它的密度很小。

古希腊著名学者亚里士多德这样说过："大自然讨厌真空。"意思是在大自然中，空气无所不在，一旦真空出现，就像"水往低处流"那样，空气也涌向真空。猛一看，这句话似乎很能解释这么一种现象，即人们常用虹吸管来输送水。因为大自然不允许真空的存在，因此，虹吸管中空气一抽走。水就像空气那样涌过来填充，这样水就被抽吸下来。

但是，新的问题接踵而来，一旦虹吸管跨越高度为10米以上的山坡时，水就输不上去了。这是为什么？伽利略认为，那是因为大自然对真空的"厌恶"也有某种限度，到了10米以上的真空，它就不再厌恶了。这种解释不尽科学，而且有些牵强附会，没有触及问题的实质。

后来，伽利略的学生托里拆利天才性地提出：空气有重量就自然而然会产生压力，就像水会产生压力和浮力一样。虹吸现象的产生正是因为空气的压力将水往管子里压，可一旦压到10米高度时，水柱的压力和大气的压力两者持平，因此水再压也压不上去了。

也许有人会问："大气压力不就等于10米水柱的压力吗？"

一点不错。不过，为了证实这点，托里拆利和他的助手设计了一个简明而又精巧的试验。因为测定10米高的水柱极不方便，托里拆利采用了密度为水的13.6倍的水银。他特制了一根一米长的玻璃管，一端封闭起来，一端开口。然后将水银灌入管内，用手指摁住开口的一端，再将管子颠倒过来放进盛满水银的大瓷碗中，然后再放开手指。这时，管中的水银很快下降，流到碗里，但是，当它下降到距离碗中的水银表面还有76厘米时，稳稳地停住了。稍微换算一下，就可以知道，76厘米高的水银柱产生的压强，正好和10米水柱产生的压强相等。

今天，大气压已经成了普通的常识。我们将钢笔伸进墨水瓶里吸取墨水时，或者用麦管吸饮汽水时，都是大气压在帮我们的忙。大气压几乎无所不在、无时不在，相伴在我们的周围。

偶然的发现

1879年的一天早晨，一轮火红的太阳从东边升起，阳光洒满大地。这是一个好天气。这一天，是俄国化学家法利德别尔格的生日。一大早，他的妻子娜塔莎就忙开了。因为她已决定为丈夫准备一个生日宴会，让朋友们来聚一聚。

法利德别尔格洗漱后，简单地用过早餐，就准备去美国巴尔的摩大学实验室上班了。他临出门时，娜塔莎叮嘱道："您可得早点回来，不然客人来了我可忙不过来。"

到了实验室，法利德别尔格就忙开了。今天，他要对前一段做的几个药剂的结果进行鉴定。只见他检测完一个药剂，就从口袋里掏出铅笔，在实验记录簿上记下数据。接着，又检测另一个药剂……

渐渐地，太阳落山了，暮色笼罩大地。法利德别尔格还在实验室里忙着。他早已把生日晚餐的事抛到了九霄云外。

"当当当……"墙上的钟敲起来了。"糟糕！怎么给忘了，已经6点了。"这时，法利德别尔格才记起妻子的嘱咐。于是，他草草地洗了手，披上外衣，将铅笔插在口袋，便直奔家里。

快到家了，法利德别尔格觉得今天家里的烛光特别亮，依稀听见朋友们的欢笑声。他知道妻子举办生日宴会的目的，心底涌起一种温馨的感觉。

法利德别尔格推开门，笑眯眯地说道："对不起，各位女士、先生，让大家久等了。"

"大科学家嘛，可以理解。"

"祝您生日快乐。"

客人们站起身围着法利德别尔格，连连祝贺着。

法利德别尔格跟客人们寒暄了几句后，便帮助妻子将酒杯、餐具及一盘盘菜肴摆上桌，一切准备完毕，法利德别尔格便宣布：

"诸位，请入席，边吃边聊。"

夜幕降临，生日宴会在烛光中开始了。法利德别尔格高兴地与朋友们交谈着。

忽然，一位朋友说道："这香酥鸡块好甜。"

"这甜牛排别有风味！"另一位也说道。

"娜塔莎的手艺还真不错。"这一位朋友夸奖地说道。要知道，鸡

法利德别尔格

块、牛排一般是不放糖的。

法利德别尔格心里直嘀咕："娜塔莎今天怎么了？甜鸡块、甜牛排，莫非她也要搞试验？"

晚餐结束，朋友们走后，喜欢打破沙锅问到底的科学家向妻子问起甜鸡块的事。娜塔莎说："我也觉得奇怪，我并没有放糖啊！"

"这是怎么回事呢？"法利德别尔格检查了厨房的用品以及餐具，都没有发现什么异常现象。他舔了舔盘子的边缘，盘子的边缘是甜的。奇怪？盘子为什么会甜呢？法利德别尔格想了想，又舔了舔自己的手，发现自己的手特别甜。于是，他从口袋里

取出那只从实验室带回的沾满实验药剂的铅笔，用舌头一舔，觉得甜得受不了，连忙吐了一口唾液。

"娜塔莎，我知道了，问题出在铅笔上。"法利德别尔格恍然大悟道："原来是我的铅笔把甜味传到我手上，我手上的甜味又传给盘子。这说明，我的实验室里有一种东西特别甜。说不定，这种东西可以作为糖的代用品，我要去查个究竟。"

法利德别尔格连夜赶到实验室，点上煤气灯。他一个一个地检查药剂。最后，他在检查那瓶下午最迟检测的药剂时，发现它有一种比糖不知甜上多少倍的甜味。

这个偶然的发现，给法利德别尔格指明了一条研究大道。从此，他集中全部精力，奋斗几个月，从又黑又臭的煤焦油中提炼出了一种特别甜的白色晶体。

经过鉴定，他确认这种晶体要比蔗糖甜500倍。它除了在味觉上引起甜的感觉外，对人体没有营养价值，但也没有什么特别的毒害。因此，比较适合作为甜味剂。他把这种白色结晶叫做"糖精"。

1879年，法利德别尔格在美国获得了发明糖精的专利权。1886年，他迁居德国，并在那里建立了世界上第一个糖精厂。法利德别尔格由于发明

了糖精，在化学界和食品界赢得很高的声誉。

笔尖上发现了海王星

人类在18世纪80年代以前，只能凭肉眼观看太空。所知道的太阳系行星只有6颗：水星、金星、地球、火星、木星和土星。

1781年，制造了反射望远镜的一代宗师、英国大天文学家赫歇耳，在双子座发现了一颗位置不断移动的异常星体，他给这颗行星起名叫天王星。这是人类第一次凭借望远镜发现的行星，它的发现，一举打破了土星所把守的太阳系的边界。

天王星发现后，天文学家们根据天体力学理论给它编制了运行表。起初，天王星的实际运行与运行表还很符合。但随着对天王星的不断观测，人们越来越感到困惑了。从1821年起天文学家就发现天王星运行的实际位置与运行表不符，出现了"越轨"行为。人们当时分析，造成这种奇怪现象的只有两种可能，或是运行表有误，需要修改；或是天王星在其行程中受到某种未知力量的摄动，也就是说，天王星轨道外侧，或许有一颗未知行星对天王星产生引力作用。天文

赫歇耳

学家们经过仔细核算，运行表本身并无差错，从而推翻了前一种假设。1830年以后，人们愈加相信"天王星轨道产生偏差是受某颗未知行星摄动"的假设。

这颗未知行星距离地球可比天王星要遥远的多，又极其暗淡，别说凭肉眼了，就是用当时最先进的望远镜，在这茫茫的星海中漫无目标地去搜索，也不是件容易的事。那么，就没办法找到这颗神秘的行星了吗？当时唯一的办法就是运用"天体力学"把这颗游荡的星"算"出来。

计算出这颗未知行星可不容易。在当时的条件下，从已知的行星去计算它对其他星体施加的摄动，是可以做到的，可是反过来，从摄动力去反推未知行星的轨道，难度就大多了。因为有关未知星的一切都是未知数。不可能仅凭几次计算就可以确定，必须先假设一些条件，根据这些假设条件，计算它对天王星的摄动，再将计算结果与天王星的实际运行表对照，中间要经过无数次的反复计算反复核对，直到计算结果与天王星的实际运行吻合才行。可以想象，这个计算工作量有多么巨大。如此艰巨的计算工作，使不少人望而却步了。

这个历史难题落在了两个不知名的小人物身上，他们是英国人亚当斯和法国人勒维列。最先用万有引力定律进行这项计算工作的是亚当斯，当时他是英国剑桥大学的研究生。他出身于一个贫苦的家庭，勤奋努力使他考上了英国一流大学——剑桥大学，靠奖学金以优异的成绩读完了数学系的全部课程。在学生时期，他就对天王星轨道之谜产生了兴趣，收集了大量有关资料进行计算。大学毕业后，考上了剑桥大学的研究生，继续自己的计算。他花了整整两年时间，在1845年终于得出了这颗未知行星运行轨道的一个令人满意的计算结果。在导师的帮助下，亚当斯将自己的论文转交给当时英国的天文学权威——格林威治皇家天文台台长艾里，希望

海王星

他帮助确认这颗新行星。遗憾的是，这位思想保守的皇家天文学家根本不相信一个"小人物"能计算出新行星来，随手把亚当斯的宝贵资料扔进了抽屉。

就在亚当斯计算未知行星轨道的同时，法国天文学家勒维列也在进行这方面的研究。勒维列花了几年的工夫研究天王星运行的反常问题。1846年8月31日，他将自己的计算结果写了一篇论文，题为《论使天王星运动失常的行星，它的质量、轨道和现在位置的决定》。由于当时法国没有详细的星图，勒维列便将自己的论文寄给了柏林天文台的天文学家加勒，并附上一封信，说明了新行星应在的位置，求助加勒给予确认。信中说："请您把你们的望远镜指向326°处宝瓶座内的黄道的一点上，您将在离此点1°的区域内发现一个圆面明显的新行星，它的光度大约等于9等星。"

比亚当斯幸运的是，勒维列的论文和信件并没有因为他只是个"小人物"而被搁置一边。加勒接到勒维列的信后，当晚就将望远镜对准了勒维列所说的天区。果然在勒维列所指出的位置附近发现了一颗从前星图上没有的星。第二天晚上他又仔细观测，发现这颗星果真移动了70角秒，与勒维列计算的每天移动69角秒相差无几。这的确就是使天王星运动异常的新行星。这一发现使柏林天文台沉浸在巨大的欢乐中。

发现新行星的消息传到了伦敦，格林威治天文台台长艾里这才想起本国青年亚当斯的计算结果。从抽屉里翻出来一看，竟与法国人勒维列的计算结果完全一致，时间还早了一年。艾里为自己的傲慢与偏见真是懊悔不迭。

赫斯高空探宇宙射线

维克多·弗朗西斯·赫斯，美籍奥地利人，物理学家。他以忘我牺牲精神发现了宇宙射线的存在，获得1936年诺贝尔物理学奖金。更主要的是，他为科学事业而奉献一切的精神，为后世树立了光辉的典范。

1883年6月24日，赫斯出生于奥地利东南部的格拉茨附近的史劳斯瓦尔德斯坦。父母姊妹都是很有音乐素养的人。赫斯生长在这样的家庭里，从小就受到良好的熏陶，再加他自己也具有音乐天赋，他很早就能演奏乐曲，很多人都认为他会成为大音乐家。父母根据他的才能，以及人们的评论，送他到维也纳去学音乐。当时在维也纳有很多著名的音乐大师。父母殷切期望儿子成为音乐家。有眼力的老师发现，赫斯如果向数理方面发展，比搞音乐会更有前途。但是他的父母没有听取这些劝告，让儿子学音乐。

赫斯并没有辜负父母的期望，他的音乐学得很不错。不过他也爱数学、物理方面的学习和活动。一次偶然机会，他参加了奥地利皇家科学青年选拔赛，而且成绩优异，他被选中了。于是，赫斯改变了自己的方向，学习物理，并于23岁就获得了博士学位。

他毕业后不久，到了维也纳大学新的镭研究所工作。这时，人们在实验中发现，空气中存在有来历不明的离子源，无论采取什么样的措施，验电器中的空气都被这种离子电离了。科学家去寻找这些离子是从那来的？有人猜测，这些离子可能是由外层空间辐射来的。

赫斯于是决心探测这些离子的来源。

在奥地利航空俱乐部的支持下，赫斯乘坐气球，带着仪器，到空中进行收集资料。

当时的科学水平还不高，技术条件较差，但赫斯不顾个人的安危，常常是独自一个人乘坐气球，升入高空进行探测。一次气球出了故障，他从高空摔了下来，完全不省人事达20小时。很多人以为他活不过来了，家里人也为他准备后事。但是，奇迹出现了，经医院奋力抢救，第二天他醒过来了，他没有死。

亲友劝他不要再去冒险了，别人

赫斯乘坐气球

以为他再不敢去冒险了。但他满不在乎地说："做学问要具备不怕死的精神，而后才能达到理想的境界。"

赫斯在1911年一共做了10次大胆的气球飞行。最高升到5350米高度。他收集到的资料结果表明，从地面开始到大约150米高度，电离是随高度增加而衰减的。但是150米以上的高度，高度增加，电离却显著地增加。他还发现，辐射的强度是日夜都相同，所以认为射线不是由太阳照射所产生的。赫斯的探测结果，证明了这些射线是来自太空，不受地球和太阳影响。这种辐射射线，最先称为"赫斯辐射"，1925年正式命名为"宇宙射线"。

后来，赫斯又在高楼、高山和海洋上进行测量，更进一步证明了宇宙射线的存在。由于这一研究的功绩，1936年他获诺贝尔物理学奖。

探寻海底世界

19世纪，人们认为神秘的大海蕴藏着许多奥秘。人们一直争议不休的是：海底是否有生物存在？

英格兰爱丁堡有个爱德华教授，对海洋生物颇有研究。他以权威专家的口吻宣布：550米深以下的深海中不会有任何生命存在。他的理由是：500米深处的海底缺乏阳光和氧气，因为海水的压力会把任何生物压得粉碎。许多人觉得他说的有道理，别说没有阳光和氧气，就是海水的压力，什么生物也受不了！

可是，有的科学家却提出了不同的观点。美国地理学家瓦里奇认为：即使在最深的海底也存在着生命，并且这些生物是浅水中的生物为适应深水环境进化而来的。

这样一来，持有不同观点的两派科学家，唇枪舌剑，互不相让，可谁也说服不了谁。那么，海底是否有生物存在呢？

英国有一位叫汤姆森的海洋科学家也在思考这个问题。根据他的研究，他赞成瓦里奇的观点，坚信深海处存在生物，可他并没有轻易地下结论。作为一名严谨的科学家，他认为只有证据才有说服力。于是，汤姆森向英国皇家学会等部门提出建议：组织一次环球探险，去探测深海。

在他的努力下，有关部门采纳了他的建议，并给了他一艘英国皇家海军的蒸气动力轻巡洋船。经过对这艘船改装后，1872年11月21日，汤姆森和他的助手们驾驶着这艘名为"挑战者"号的海洋调查船，缓缓地离开了英国的希尔内斯港。

"挑战者"号刚驶出希尔内斯港，就遇上了强劲的风暴。在汹涌的海面上，"挑战者"号像一片树叶在海面上摇晃……

行驶了两天，他们开始第一次放下了打捞设备，可一起网，整个打捞设备散了架。出师不利，并没有动摇汤姆森的信念和决心。他们修理好打捞设备，又继续工作。没想到暴风雨又来了，可他们毫不退缩，在暴风波浪中，不停向前驶去。

"挑战者"号行驶到文森特角附近的海域。一天晚上，汤姆森像往常一样，正在整理着白天探测的数据，忽然，听到从甲板上传来叫喊声："不好了！大海着火了！"

汤姆森走出船舱，只见海面上闪着红光，像铺了一层红地毯，煞是好看。原来，是一种叫作"海蝴蝶"的翼足目动物，在海面上游动形成的。

汤姆森在感叹这一美景的同时，忽然意识到这是采集生物样品的好地方。他们立刻行动起来，将打捞设备投入大海。打捞深度100米、200米、500米、800米……直至5500米，都有大量的鱼虾，还捞起了几只大龙虾。这时，汤姆森以无可辩驳的事实证明：550米以下的深海处仍有生物，爱德华的观点是错误的。

汤姆森并没有因为探测到这样的结果而满足，他要彻底揭开深海动物承受住水下压力的奥秘。

汤姆森想：难道海底的压力并没有像人们想象的那么大？为了解开这个谜，他把一个玻璃管充上空气，并密封好，在玻璃管的外面包上一层法兰绒，再把它放在一个铜管里，然后放入3700米深的水下。当汤姆森把它从海中捞出时，发现铜管已被压坏，而玻璃管则成了碎粉屑。这就说明，海底的压力确实很大。那么，深海处的鱼为什么不会被巨大压力压得粉碎呢？汤姆森百思不得其解。

一天，汤姆森在无意中看到：深海里捞上来的鱼眼睛突出眼眶，鱼骨刺出体外。汤姆森觉得非常奇怪，他想里面一定有文章。于是，他便展开了研究。

经过一番探讨，汤姆森终于揭开了这一奥秘。原来，在深海中，海底动物的组织器官中渗透着和海水比重相同的液体，所以将两者压力抵消。

当人们把鱼从深海处打捞出时，外部压力骤然减小，鱼器官组织中的液体压力还来不及做出反应，因此把鱼眼给压突出眼眶，鱼骨刺出体外。

就这样，汤姆森彻底揭开了深海存在生物的奥秘。

1876年5月21日，"挑战者"号载誉而归。在英国斯皮特黑港，成千上万的人来迎接伟大的科学家——汤姆森胜利返航。

揭开天体的面纱

望远镜造出来以后，伽利略在威尼斯圣马克方场的钟楼上展出自己的发明，让议长和议员们观看。他们不分年轻年长，都按次序登上钟楼，眺望海港外的船只，他们个个惊奇万分，人人想拥有这么一件神奇的工具。

于是，伽利略在自己的实验室开辟出一个工作间，准备了各种工具，聘请了技工，成批地制造起望远镜来。他一共造了一百多架这样的工具，分送给各国王公和有名的学者，在欧洲引起了轰动。

但是，伽利略并不是位商人，他制造望远镜的目的并不是为了讨好王公们。在望远镜发明的前几年，一颗新星正掠过欧洲南部的天空，奇妙的天文现象吸引了伽利略，他追踪观察这颗新星足足有半年，并为此作过一次有趣的学术报告。伽利略对天文学产生了兴趣，他正需要有这么一架望远镜，来帮助自己对星空作更详尽的

伽利略在观察星空

观察。

当然，观察天空的望远镜应该比平时使用的高级。伽利略继续改进自己的望远镜，终于制造出一台当时最先进的，用于天文观察的望远镜。它的口径达到5厘米，筒长120厘米，可以把远处的物体扩大32倍，远非开始的只有3倍放大率的简单仪器可比，伽利略终于有了天文观察的仪器。

在自制的望远镜里，平日熟悉的天空立刻完全改变了它的模样。大家都熟悉的月亮，上面有令人费解的黑影，过去没有人能说清是什么。现在，月亮出现在望远镜里，它上边的阴影就变得十分清楚了，

那些黑影居然是高山和深谷形成的。在太阳上，伽利略也看到了黑影。看来，教会的理论家们说天上的星星是上帝创造的完美无缺的作品，显然是一派胡言了。

全新的天象吸引着伽利略，他开始夜以继日地观察和研究天文现象。他发现，被亚里士多德称作"地球的水汽"在天空凝聚而成的银河，原来是许多星星聚集而成的。当时的欧洲人还没有发现其他行星周围的卫星，而伽利略通过望远镜，一下子发现了木星周围最大的四颗卫星，它们有时分列于木星东西两侧，一个星期后，东边只剩下一颗，西边却有了三颗，显然是在绕着木星运转。可见，并不是所有星星都在围绕地球运转。

更引起伽利略深思的现象，是他在连续观察金星三个月之后，发现了金星也有像月亮一样的盈亏现象，有时光向东，有时光向西，并非完全是圆形的状态。金星自己是不会发光的，它的光亮和月亮一样，是反射日光的结果。既然金星有盈亏，它就应该在环绕太阳运行，而且它的轨道肯定在地球和太阳之间，这是一种多么大胆的结论呀！就在不久前，哥白尼的太阳中心说被教会禁止了，宣传哥白尼学说的布鲁诺被烧死在罗马百花广场。可是，科学只相信真理，伽利略觉得，望远镜里观察到的一切恰恰证明了哥白尼的日心说是正确的，他要站在日心说一边，宣传真理。

伽利略不怕迫害，他出版了自己第一部天文学著作《星际使者》，系统地介绍了自己在望远镜里观察到的天空，内容十分新颖，文笔十分流畅，具有强大的说服力。

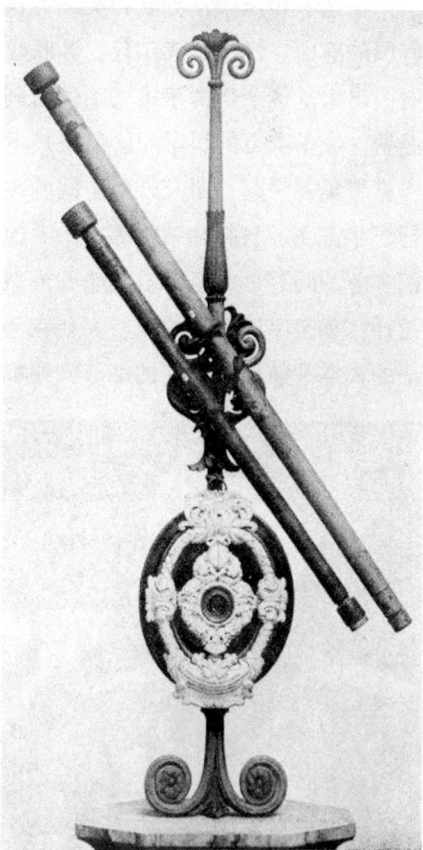

伽利略望远镜

登月旅行

20世纪中叶，世界各国有志于探求宇宙奥秘的科学家们，都在试图研制一种能载人在太空中遨游的飞行器——宇宙飞船。

在这一领域中，苏联和美国走在各国的前面。20世纪50年代，苏联政府拨出大量资金作为宇宙飞船的研制经费。成千上万的科学家、航天技术专家聚集在一起，研究外层空间的飞行、宇宙飞船材料和结构等技术。他们考虑的问题，大至宇宙飞船的模型设计，小至宇航员上的厕所。要在茫茫的太空中航行，任何的细节问题都

"东方1号"宇宙飞船

加加林

马虎不得的。

经过众多科学家的努力，人类历史上的第一艘宇宙飞船诞生了！它是由球形密封座舱和圆柱形仪器舱组成，除了具备一般人造卫星基本系统设备外，还设有生命维持系统、重返地球用的载人系统、应急逃逸系统及回收登陆系统等。

1961年4月12日，这艘名为"东方1号"的宇宙飞船，载着苏联宇航员尤里·加加林，在空间绕地球一圈，飞行了1小时48分钟，在"东方1号"宇宙飞船返回地面前，抛掉了末级运载火箭和仪器舱，只剩下座舱单独进入大气层，当座舱下降到离地面只有7千米时，飞船座舱弹出宇航员，然后，宇航员用降落伞单独着陆。

"东方1号"宇宙飞船的航行成功，意味着人类已经可以飞出地球，在宇宙空间中航行了。广大的科学家

也深受鼓舞，以更大的热情投入宇宙飞船的研制中去。

1961年8月6日，苏联发射了"东方2号"宇宙飞船。这艘飞船在空中飞行了25小时18分钟，飞行距离达70万千米。宇航员盖尔曼·季托夫在空中失重的状态下，品尝了装在食品管中的宇宙食品，还美美地睡了一觉。

接着，苏联在1962年8月11日，发射了"东方3号""东方4号"宇宙飞船。在1965年3月18日，发射了

"上升2号"宇宙飞船，都获得了成功。

与此同时，美国也抓紧进行宇宙飞船的研制工作。美国政府对于苏联成功地发明了宇宙飞船感到愤愤不平，他们决心不惜一切代价，制成更好的宇宙飞船，载人飞到月球上。

在多次成功和失败的研制、发射基础上，美国终于制成了"阿波罗11号"宇宙飞船。这艘宇宙飞船长25米、重45吨。在飞船内，有三把靠

"阿波罗11号"登月

椅，在靠椅的上方，安装了各种控制飞船的仪器。用于发射"阿波罗11号"的三级火箭有85米长，重达2700吨。这个巨大的工程耗资达240亿美元，有40多万人参加了它的研制工作。

1969年7月16日，在美国肯尼迪航天中心，发射了载有3名宇航员的宇宙飞船。"阿波罗11号"升空后，先用两个多小时绕地球一圈半，然后飞向月球。又经过73小时的飞行，"阿波罗11号"宇宙飞船于1969年7月20日到达月球。

到达月球后，宇航员阿姆斯特朗和奥尔德林乘坐登月舱登月，而宇航员科林斯则继续驾驶指令舱绕月球飞行。

阿姆斯特朗和奥尔德林在月球上做了一系列的实地考察，并采集了22千克月球上的岩石和土壤标本。他们在月球上逗留了21小时18分钟后，驾驶登月舱进入轨道。然后，登月舱与科林斯驾驶的指令舱对接起来，又形成了完整的飞船，向地球飞去。

"阿波罗11号"宇宙飞船登月的创举，震动了全世界，人们欢呼人类这一伟大的胜利。

阿姆斯特朗在一次回答记者时说："对个人来说，跨到月球虽然是极小的一步，而对人类来说，却是极大的一步。"

化学分析的鼻祖

1627年1月25日，波义耳出生于爱尔兰的一个贵族家庭。他的父亲是个伯爵，家庭富有，在14个兄弟中他最小。童年时波义耳并不特别聪明，说话还有点口吃，不大喜欢热闹的游戏，但却十分好学，喜欢静静地读书思考。他从小受到良好的教育，1639至1644年，曾游学欧洲。在这期间，他阅读了许多自然科学书籍，包括天文学家和物理学家伽利略的名著《关于两大世界体系的对话》。这本书给他留下深刻的印象。他后来的名著《怀疑派化学家》就是模仿这本书写的。

由于战乱、父亲去世、家道衰落，1644年他回国随姐姐居住在伦敦。在那里开始学医学和农业。学习中接触了很多化学知识和化学实验，很快成为一位训练有素的化学实验家，同时也成为一位有创造能力的理论家。在这期间，他同许多学者一起组织了一个科学学会，进行每周一次的讨论会，主要讨论自然科学的最新发展和在实验室中遇到的问题。波义耳称这个组织为"无形大学"。这个学会就是著名的以促进自然科学发展为宗旨的"皇家学会"的前身。波义耳是该学会的重要成员。由于学会的分会设在牛津，波义耳于1654年迁居牛津。在牛津，他建立了设备齐全的实验室，并聘用了一些很有才华的学者作为助手，领导他们进行各种科学研究。他的许多科研成果是在这里取得的。那本划时代的名著《怀疑派化学家》是在这里完成的。这本书以对话的体裁，写四位哲学家在一起争论问题，他们分别为怀疑派化学家、逍遥派化学家、医药化学家和哲学家。逍遥派化学家代表亚里士多德的"四元素说"观点，医药化学家代表"三元素说"观点，哲学家在争论中保持中立。在这里，怀疑派化学家毫不畏惧地向历史上权威的各种传统学说提出挑战，以明快和有力的论述批驳了许多旧观念，提出新见解。该书曾广泛流传于欧洲大陆。

波义耳十分重视实验研究。他认为只有实验和观察才是科学思维的基础。他总是通过严密的和科学的实验来阐明自己的观点。在物理学方面，他对光的颜色、真空和空气的弹性等进行研究，总结了波义耳气体定律；在化学方面，他对酸、碱和指示剂的研究，对定性检验盐类的方法的探讨，都颇有成效。他是第一位把各

罗伯特·波义耳

种天然植物的汁液用作指示剂的化学家。石蕊试液、石蕊试纸都是他发明的。他还是第一个为酸、碱下了明确定义的化学家，并把物质分为酸、碱、盐三类。他创造了很多定性检验盐类的方法，如利用铜盐溶液是蓝色的，加入氨水溶液变成深蓝色（铜离子与足量氨水形成铜氨络离子）来检验铜盐；利用盐酸和硝酸银溶液混合能产生白色沉淀来检验银盐和盐酸。波义耳的这些发明富有长久的生命力，以至我们今天还经常使用这些最古老的方法。波义耳还在物质成分和纯度的测定、物质的相似性和差异性

的研究方面做了不少实验。在1685年发表的《矿泉水的实验研究史的简单回顾》中描述了一套鉴定物质的方法，成为定性分析的先驱。

1668年，由于姐夫去世，他又迁居伦敦和姐姐住在一起，并在家的后院建立实验室，继续进行他的实验工作。晚年波义耳的工作主要集中在对磷的研究上。1670年，波义耳因劳累而中风，之后的健康状况时好时坏，当无法在实验室进行研究工作时，他致力于整理他多年从实践和推理中获得的知识。只要身体稍感轻快，就去实验室做他的实验或撰写论文，并以此为乐趣。1680年，他曾被推选为皇家学会的会长，但他谢绝接受这一荣誉。他虽出身贵族，但他一生醉心的却是在科学研究中工作和生活，他从未结婚，用毕生精力从事对自然科学的探索。1691年12月30日，这位曾为17世纪的化学科学奠定基础的科学家在伦敦逝世。恩格斯曾对他作出最崇高的评价："波义耳把化学确定为科学。"

气体化学之父普利斯特里

1733年3月13日，普利斯特里出生在英国利兹，从小家境困难，由亲戚抚养成人。1752年进入神学院。毕业后大部分时间是做牧师，化学是他的业余爱好。他在化学、电学、自然哲学、神学等方面都有很多著作。他写了许多自以为得意的神学著作，然而使他名垂千古的却是他的科学著作。1764年他31岁时写成《电学史》。当时这是一部很有名的书，由于这部书的出版，1766年他就当选为英国皇家学会会员。

1772年他39岁时，又写成了一部《光学史》，也是18世纪后期的一本名著。当时，他在利兹一方面担任牧师，一方面开始从事化学的研究工作，他对气体的研究颇有成效。他利用制得的氢气研究该气体对各种金属氧化物的作用。同年，普利斯特里还将木炭置于密闭的容器中燃烧，发现能使五分之一的空气变成碳酸气，用石灰水吸收后，剩下的气体不助燃也不助呼吸。由于他虔信燃素说，因此把这种剩下的气体叫"被燃素饱和了的空气"。显然他用木炭燃烧和碱液吸收的方法除去空气中的氧和碳酸气，制得了氮气。此外，他发现了氧化氮（NO），并用于空气的分析上。还发现和研究了氯化氢、氨气、亚硫酸气体（二氧化碳）、氧化二氮、氧气等多种气体。1766年，他的《几种气体的实验和观察》三卷本书

约瑟夫·普利斯特里

出版。该书详细叙述各种气体的制备和性质。由于他对气体研究的卓著成就，所以他被称为"气体化学之父"。

在气体的研究中最为重要的是氧的发现。1774年，普利斯特里把汞烟灰（氧化汞）放在玻璃皿中用聚光镜加热，发现它很快就分解出气体来。他原以为放出的是空气，于是利用集气法收集产生的气体，并进行研究，发现该气体使蜡烛燃烧更旺，呼吸它感到十分轻松舒畅。他制得了氧气，还用实验证明了氧气有助燃和助呼吸的性质。但由于他是个顽固的燃素说信徒，仍认为空气是单一的气体，

所以他还把这种气体叫"脱燃素空气"，其性质与前面发现的"被燃素饱和的空气"（氮气）差别只在于燃素的含量不同，因而助燃能力不同。同年，他到欧洲参观旅行，在巴黎与拉瓦锡交换对化学方面的看法，并把用聚光镜使汞银灰分解的试验告诉拉瓦锡，使拉瓦锡得益匪浅。拉瓦锡正是重复了普利斯特里有关氧的试验，并与大量精确的实验材料联系起来，进行科学的分析判断，揭示了燃烧和空气的真实联系。可是直到1783年，拉瓦锡的燃烧与氧化学说已普遍被人们认为是正确的时候，普利斯特里仍不接受拉瓦锡的解释，还坚持错误的燃素说，并且写了许多文章反对拉瓦锡的见解。这是化学史上很有趣的事实。一位发现氧气的人，反而成为反对氧化学说的人。然而，普利斯特里所发现的氧气，是后来化学蓬勃发展的一个重要因素。因此，各国化学家至今都还很尊敬普利斯特里。

1791年，由于他同情法国大革命，作了几次为大革命的宣传讲演，而受到迫害，家被抄，图书及实验设备都被付之一炬。他只身逃出，躲避在伦敦，但伦敦也难于久居。1794年他61岁时不得不移居美国，在美国继续从事科学研究。1804年病故。英、美两国人民都十分尊敬他。在英国有

他的全身塑像，在美国，他住过的房子已建成纪念馆，以他的名字命名的普利斯特里奖章已成为美国化学界的最高荣誉。

居里夫人

居里夫人

玛丽·居里（居里夫人）是法籍波兰物理学家、化学家。

1898年，法国物理学家贝可勒尔（Antoine Henri Becquerel）发现含铀矿物能放射出一种神秘射线，但未能揭示出这种射线的奥秘。玛丽和她的丈夫彼埃尔·居里（Pierrecurie）共同承担了研究这种射线的工作。他们在极其困难的条件下，对沥青铀矿进行分离和分析，终于在1898年7月和12月先后发现了两种新元素。

为了纪念她的祖国波兰，她将一种元素命名为钋（polonium）；另一种元素命名为镭（Radium），意思是"赋予放射性的物质"。为了制得纯净的镭化合物，居里夫人又历时四（MarieCul7e，1867—1934）载，从数以吨计的沥青铀矿的矿渣中提炼出100 mg氯化镭，并初步测量出镭的相对原子质量是225。这个简单的数字中凝聚着居里夫妇的心血和汗水。

1903年6月，居里夫人以《放射性物质的研究》作为博士答辩论文获得巴黎大学物理学博士学位。同年11月，居里夫妇被英国皇家学会授予戴维金质奖章。12月，他们又与贝可勒尔共获1903年诺贝尔物理学奖。

1906年，彼埃尔·居里遭车祸去世。这一沉重的打击并没有使她放弃执著的追求，她强忍悲痛加倍努力地去完成他们挚爱的科学事业。她在巴黎大学将丈夫所开的讲座继续下去，成为该校第一位女教授。1910年，她的名著《论放射性》一书出版。同年，她与别人合作分析纯金属镭，并测出它的性质。她还测定了氧及其他元素的半衰期，发表了一系列关于放射性的重要论著。鉴于上述重大成就，1911年她又获得了诺贝尔化学奖，成为历史上第一位两次获得诺贝尔奖的伟大科学家。

这位饱尝科学甘苦的放射性科学的奠基人，因多年艰苦奋斗积劳成疾，患恶性贫血症（白血病）于1934年7月4日不幸与世长辞，她为人类的科学事业，献出了光辉的一生。

达尔文探索生物链

1843年暮春的一天，从离英国伦敦10多千米的一个名叫唐恩的小镇里，走出一位30岁出头的青年人，他就是生物学家达尔文。

这天天气晴朗，美丽的蝴蝶和蜜蜂在开满鲜花的田野里飞来飞去。达尔文径直向一片开满了粉红色花朵的三叶草田里走去，他是来对田野里的谷种植物进行观察、分析和研究的。

达尔文先观察三叶草的花朵。他要看看这些花朵是怎样繁殖后代的，它们的"媒人"究竟是谁？达尔文看到，有许多土蜂在三叶草上空飞舞，有的土蜂停在花朵上面，正把自己吸食花蜜的器官深深地插

入花蕊的蜜腺之中吸食花蜜。他知道，这些土蜂就是帮助三叶草授粉和繁殖后代的"媒人"。达尔文一连观察了几天，见今年的土蜂非常多；而到夏天的时候，三叶草结的籽也特别多。三叶草丰收了。

到了第二年春天，达尔文又去观察。他发现这一年在三叶草地里采蜜的土蜂很少；而到了夏天收获的时候，三叶草结的籽也大大减少。三叶草歉收了，这显然是土蜂少了，减少了给三叶草传粉的机会的缘故。他又在思索：这一年的土蜂为什么少了呢？于是，达尔文又对土蜂进行追寻，终于，他在一些

达尔文

岩石洞和树洞里，找到了一个个土蜂窝。同时，他又有新的发现——许多土蜂窝被老鼠吃光了蜜，并且被破坏了。这样，达尔文又明白了，是老鼠的多少决定着土蜂繁殖的数量，老鼠多了，它破坏的土蜂窝多了，土蜂就少了。

后来，达尔文又经过观察发现，老鼠的多少是由猫的多少决定的。三叶草、土蜂、老鼠和猫这几种看来根本毫不相干的植物和动物之间，原来还存在着这样有趣而又复杂的关系。达尔文就这样根据生物之间的相互制约、相互依存的关系，经过进一步深入的观察和研究，终于写出了《物种起源》等伟大著作，成为19世纪世界杰出的科学家和生物进化论的奠基人。

莫尔斯电码

为了尽快地把有用的信息传递到远方去，古代的中国，在遥远的边塞通向京城的道路上修建了许多烽火台，边境一有战事或其他紧急情况，就一站接着一站地点起烽火，把信息传到京城帝王那里。但是，烽火台造价很高，还需要昼夜派人驻守瞭望，又不能传达信息的具体内容，所以，大量的信息还得靠人力传递。

公元前490年，希腊人在马拉松这个地方打败了波斯军队，赢得了保卫国土的胜利。为了让首都人民尽快地分享这一喜讯，在没有任何交通工具的情况下，希腊军队的将领就派了一个叫斐迪辟的士兵，徒步从马拉松平原一刻不停地跑到了当时希腊的首都雅典。当斐迪辟向首都人民报告了胜利的喜讯后，终于因极度疲劳而倒下牺牲了。为了永远纪念这位英雄，人们就把他所跑的全路程（42195米）列为长跑比赛的一个项目，并命名为马拉松赛跑。

在古代，人们传递信息是多么地困难啊。古代人们极力地寻找最快的传递信息的方法，然而，只能在神话小说里创造出"千里眼"和"顺风耳"，以寄托自己的理想。

"顺风耳"的理想终于由一名美国画家实现了，他就是电报机的发明者——莫尔斯。

19世纪初期的一个秋天，在一艘航行的船上，一群旅客正围着一

莫尔斯

个名叫杰克逊的医生，听他讲述发明不久的电磁铁：一块马蹄形的、缠着导线的铁块，一通电就会产生吸引力；而电流一断，吸着的铁性物质便都掉了下来。大家都被这新鲜事吸引住了。当时莫尔斯也正好在场，他在感到好奇的同时，却比周围其他人想得更深、更远。他向杰克逊问了一个问题：电流在导线里流动的速度快不快（可见莫尔斯毫无电学知识）？当他知道电流的速度快得在几千千米长的电线里，一瞬间就能通过时，一个大胆而又

新奇的想法，在他头脑中出现了。

海轮上的巧遇，改变了莫尔斯的生活道路。他放弃了自己心爱的绘画事业，开始了发明电报的艰苦研究工作。十多个春秋过去了，他终于获得了成功，利用电流一断一通的原理，发明了电报机和用点画表达信息的电码——"莫尔斯电码"（目前使用的小学自然课本中选编的电码就是其中的一种），使通讯变得便利了。

电报虽然能迅速地传递信息内容，但是，发报人先得把信息内容转换成符号，按一定的操作规律把这种符号发送到收报人那里。收报人收到这种符号后，再利用电码把它所代表的内容翻译出来，还是比较麻烦。如果能直接传送语言信号那该多好啊！人类是永远也不会满足的，发明了电报后，又在给自己出新的难题了。

第一个向这个难题宣战并获得胜利的是美国一位研究聋哑语的教师贝尔。贝尔开始研究这个难题时，对电学一窍不通。但是，他在研究人的声带过程中想到：声音是靠声带的振动而产生的，能不能把这种振动通过电

流的强弱变化送出去呢？能不能把物体的振动变成变化的电流，再把变化的电流还原成物体的振动发出声音来呢？这可真是个大难题。

为实现自己的理想，贝尔来到了千里之外的华盛顿，从头开始学习电学知识。经过3年的发奋努力，他在机械工匠沃特森的帮助下，终于在1876年制成了世界上第一套话筒和听筒。用电流传送声音的理想实现了。但是，当时的电话杂音太大，传送距离又太短，离实际应用还有一段距离。

1878年，大发明家爱迪生对电话机作了较大的改进，使通话距离增长到100多千米。

1915年，贝尔又进一步解决了由于长距离通话给电话机带来的一系列技术性问题，终于在这一年的美国，架起了第一条长达6000多千米的电话线路。

现在，电话已成了人们生活中不可缺少的通讯工具。电话的功能也越来越多：有的电话机当主人不在时，能自动地把对方的传话内容记录在磁带上；有的除了通话外，还能同时传送手写的文字或图形；有的甚至能通过电话机前的荧光屏使通话人相互见面。这可真比神话中的千里眼和顺风耳更神了，因为这种可视电话同时具备了千里眼和顺风耳的双重功能。

近代地质之父——查理·赖尔

地质学是一部研究地球的科学。地球的历史有几十亿年，而人类有文字记载的历史只不过几千年，对于几十亿年来地壳的运动和变化，人们只能根据一些间接材料进行推测，很难进行有关地质变化的精确的科学实验。

17世纪以前，地质学只有采矿方面的零散知识，还没有形成一门独立的学科。随着工业生产的迅速发展，对矿物原料的需要急剧增加，工业界和科学界日益加强了对地质学的研究。初期的研究主要课题是地球上的矿产、岩石、山脉是怎样形成的。

1695年，伦敦的格雷山姆学院的教授沃德伍德（1665—1728）在《地球自然历史试探》一文中提出水成说。

18世纪，德国地质学家维尔纳（1750—1817）发展了水成说，建立了水成说学派。

18世纪下半叶开始，欧洲主要资本主义国家探矿采矿、开凿运河、修建铁路等也迅速发展起来，这就极大版了他的主要著作《地质学理论》。赫顿认为，地质结构是地球上各种作用力长期缓慢活动的结果，也就是说地球是在逐渐演化中形成的。

有人认为，赫顿奠定了近代地质学的基础。普遍的看法是，在18世纪地质学已经有了能够说明大量地质现象的系统理论，逐渐形成了一门独立的学科。

在18世纪末和19世纪初，地质学的研究更加深入、更具体，出现了地层学。

英国地质学家史密斯用化石当作打开地层学大门的钥匙，他认为具有同样化石的岩层应该是在同一时代形成的。他根据化石的种类，对岩层形成的年代进行分类。1799年，史密斯发表了他的岩石分类法。1815年，他又绘制了英国岩层地质图。研究岩层的年代、成分、构造、分布等规律的地层学成为寻找矿产的指南。

地层学的研究也给法国生物学家居维叶（1769—1832）的灾变论（也称激变论）提供了根据。1812年，居维叶在《化石骨骼的研究》一书中，表达了他关于地球发展变化的观点。居维叶反对赫顿的地质演化论，他认为，岩层变化之间的不连续性说明地球的历史上多发生过巨大的灾变。

地球历史上确实发生过比较激烈

赖尔

地促进了地质学的发展。英国史密斯（1769—1839）绘制了《英国地质图》，这是最早的地层学的地质图。

水成说没有解释地球初期的原始海洋是怎样形成和消失的。与水成说相对立的观点是火成说。火成说和对地球起源的推测直接相关。

1749年，法国的巴黎植物学家布丰（1707—1788）提出了关于地球演代的理论。火成说的核心是，地壳内部的熔融状岩浆通过火山爆发喷出地面，冷却后形成地表岩石。

1785年，英国地质学家赫顿（1726—1797）在爱丁堡皇家学会上宣读了论文《地球论》。1795年，出的变化，所以，这种观点曾经得到广泛的承认。但是，如果从这种激烈的变化中引伸出有超自热的力量，那就陷入了唯心主义的泥坑，实际上是承认上帝的力量。

居维叶的灾变论实际上是维尔纳水成论的发展。水成论和灾变论同生物学上的物种不变论是一致的，同上帝创造万物论是不矛盾的。

同水成论和灾变论相对立的是均变论。英国地质学家赖尔（Charles Lyell，1798—1875）发展了赫顿的火成论，提出了均变论。1797年10月14日，赖尔（亦译莱尔）生于英国的福法尔郡的金策迪。童年时代，他最大的兴趣是捕捉昆虫，尤其喜爱蝴蝶，就是这个小赖尔最后成了英国的地质学家和生物学家。

赖尔8岁时才到学校读书，读了三年就生病了。在家养病期间，他仍然怀恋着那些美丽的小蝴蝶。一天，他从父亲的书柜中翻出了一本关于昆虫的书，他立即如饥似渴地读了起来。赖尔在家养了半年病，在昆虫知识方面却像读了十年书。

经过长期的研究，赖尔已经能认识出几百种昆虫，其中对蝴蝶的研究尤为突出。他为蝴蝶查了家世，为它们区别出种类，而且，还能识别它们的生性习惯、生存条件以及它们的

"国籍"等等。

1816年，19岁的赖尔进入了牛津大学的欧克希特专门学校学习。那里有个讲授地质学的巴克兰德教授，引起了他的敬爱，这是因为赖尔过去曾自学过地质学。从此，他对地质学发生了兴趣，并开始研究。1854年，他获得了该校的博士学位。

赖尔在大学时原学习古代语言和法律，后来转向地质学。毕业后，他当过律师，但后来完全改行搞地质学研究。

赖尔在大学时常听巴克兰德（1784—1856）的地质讲座，并接受了他的激变洪水论。

从1818年起，赖尔开始了地质考察活动。他多次游历了欧洲大陆的法国、瑞士和意大利等国，获得了丰富的地质知识。

1823年，他在法国时曾与居维叶、洪保德（1769—1859，德国伟大的科学家）等人会晤。他参观过居维叶珍藏的大量化石标本，进一步认识到野外考察和标本采集的重要性。

他一生不断从事地质考察，到过欧洲各地，还不止一次到过美洲。在实地考察中，他越来越怀疑激变论，因为它得不到野外考察材料的有力证明。

1827年，他读了法国生物学家拉马克的《动物哲学》一书后，这种怀

疑就加深了。他开始接受地质进化思想，认识到地球是相当古老的，并发展了赫顿的地质发展均变思想。

最后，他写成了巨著《地质学原理》，有力地抨击了以居维叶为代表的灾变论，引起了地球科学的深刻革命。

1831年，他担任伦敦皇家专门学校——敦金斯学院的地质学教授。1826年，他被选为英国皇家学会会员。从1835年起，他连续四次被选为英国地质学会会长。1848年，他被封为爵士。1864年，他任英国科学促进协会主席。

1838年，他的《地质学大纲》出版。赖尔的著作为近代地质学奠定了科学的理论基础。他被后人尊称为近代"地质之父"。

赖尔是地质科学中应用现实主义方法的创始人之一。1830—1833年，他出版了《地质学原理》一书，这是他的最重要的代表性著作。

该书针对当时流行的"激变论"，提出了"均变论"。用大量确凿的事实说明：地壳的变化不是什么超自然力量的突然灾变造成的，而是由于自然的力量如风、雨、水流、潮汐、冰川、火山、地震等各种因素，经过漫长的岁月而缓慢造成的。

《地质学原理》（共三卷）的出版，给所谓的上帝多次创造世界的"灾变论"以致命的打击。

赖尔用地球缓慢渐进的变化，代替了居维叶的突然变化，他的理论被称作均变论或渐变论。在达尔文创立了进化论以后，接受生物进化的观点，赖尔对《地质学原理》作了很大的修正。

赖尔的理论也有不足的地方，他认为影响地质变化的各种作用力的种类和数量，从古到今始终是不变的，不承认地球上发生过什么重大的变化，也不承认地球有一个形成和逐渐冷却的过程，实际上仍然受形而上学的机械唯物论的影响。

从沃德伍德的水成说到赖尔的均变论，我们可以看到，除了矿业生产和地质考察推动地质学的发展外，始终存在不同学派的争论。各种学派都有符合客观实际情况的合理的一面，又有不足或者荒谬的一面，各种学派的自由争鸣，取长补短，也推动了地质学的发展。

当时，生物进化论者达尔文读到《地质学原理》一书后，写信给赖尔说："读完每一个字，我心中都充满了钦佩之感"。

恩格斯后来在其《自然辩证法》中指出："只有赖尔才第一次把理性带进地质学中，因为他以地球的缓慢的变化这一种渐进作用，代替了由于造物主的一时兴发所引起的突变"。

除了上述的《地质学原理》一书外，赖尔还著有《地质学纲要》（1838年出版）和《往古的人类》。前者主要介绍地壳的组成物质、它们的排列次序和其中所含的生物；后者是关于古人类的地质证据和物种起源于变异学说的评论。

1828年，他在西西里火山爱提那旁边，发现那儿的泥土与爱尔兰北部大石柱的泥土相同。这些泥土中含有洪水时代的沉积物。沉积物里面存在一些软体动物化石，他拿这些古化石和现代软体动物一比较，肯定了一种想法，由这种想法推论而去，提出了第三世纪的生物地层划分法，分成始新世、中新世、更新世，并奠定了近代岩五分类（沉积岩、火成岩、变质岩）的基础。后来许多科学家采用了这种分类法。

赖尔也是一位著名的生物学家，在生物学方面也取得了很大成就。

赖尔采取了用现在说明过去的现实主义方法，被称为"将今论古"方法。赖尔是这种方法的创始人之一。从18世纪以来，自然科学向形而上学自然观进行了长期艰苦的斗争，赖尔的渐变论和将今论古的方法的影响并非只在地质学一个领域，也影响到其他领域。例如，达尔文的生物进化论。为此，达尔文十分感激，并将他的《考察日记》第二版献给了赖尔。

赖尔治学严谨，重视实践，勇于修正错误。他虽为长者和导师，却坚持以理服人，平等待人。他尊重事实，尊重科学。

赖尔和达尔文是好朋友，但是，直到达尔文《物种起源》发表时，赖尔还是坚持瑞典植物分类学家林耐的物种不变观点，和达尔文存在着原则分歧。他们的争论常常是十分激烈的，然而态度是友好的，以理服人。

最后在达尔文的帮助下，赖尔终于否定了自己长期坚持的物种不变的观点，成了坚定的生物进化论者。

他对《地质学原理》一书曾反复进行多次修改。在发行第十版时，许多章节几乎全部进行了重写。赖尔的著作为近代地质学奠定了科学的理论基础。所以，他被后人尊称为"近代地质之父"。

1875年2月22日，伟大的地质学家、生物学家查理·赖尔在伦敦的寓所逝世，终年79岁。

生物分类法的确立者——林耐

生物分类法又称科学分类法，是生物学用来对生物的物种归类的办法。现代生物分类法源于林耐的系统，他根据物种共有的生理特征分类。在林耐之后，根据达尔文关于共同祖先的原则，此系统被逐渐改进。近年来，分子系统学应用了生物信息学方法分析基因组DNA，正在大幅改动很多原有的分类。生物分类法属于分类学以及生物系统学。

最早已知的对生命形式的分类系统由希腊哲学家亚里士多德所建立。他将动物根据运动方式（空中，陆上或水中）分类。1172年，塞维利亚的法官伊本·路世德（ibn Rushd，即阿维罗伊Averroes）将亚里士多德的《论灵魂》（拉丁文de Anima）翻译成阿拉伯文并删节。其原始注解已佚，但由斯考特（Michael Scot）翻译的拉丁文版本仍流传。

在中国，明代李时珍（约1518—1593）在药典《本草纲目》中，将生物药材分为草部、谷部、菜部、果部、木部、虫部、鳞部、介部、禽部、兽部和人部。瑞士教授康拉德·冯·盖斯纳（Conrad von Gesner，1516—1565）将当时已知的生物进行了分析性的归纳。

16~17世纪，由于地理大发现，海外航行和贸易迅速发展，动植物标本的采集和积累不断增加，迫切需要发展分类工作，建立科学的命名方法。

欧洲文艺复兴后，植物分类摆脱了过去抄袭古书的习气，按照实际观察进行了生动的描述，特别是注意到植物形态间的关系，使分类工作建立在比较形态研究的基础上。

16世纪末、17世纪初，瑞士植物学家鲍欣（1550—1624）把2460种植物从简到繁加以归类，进行简要描述并命名，编出一本植物户口薄。他在进行分类时，特别注意植物间的自然相似性，使他成为自然分类的先驱者。他用一个共同的属名和两个不同的种名，以区别两种相似的牧草，首先使用了双名法。17世纪中期，欧洲的生物学家已知道了6000种以上的植物。这么多的植物如何进行分类呢？

林耐

其分类根据又是什么呢？德国植物学家琼（1587—1657）用名词表示属性，用形容词代表种名，并制定了记载植物形态所必需的术语，把双名法推进了一步。

当植物分类取得不少进展时，动物分类却停滞不前。英国博物学家拉伊（1627—1705），首先应用同一原理来讨论植物与动物的分类。他确定了单子叶植物和双子叶植物，在植物分类上是一项贡献。他提出的植物和动物界的某些大类，是符合自然分类的。由于他在分类研究方面的许多成就，使他起着林耐（Carolos Linnaeus，1707—1778）分类学先驱者的作用。

1707年，瑞典大植物学家卡罗洛斯·林耐（亦译林奈）生于瑞典的斯马兰德，父亲是一个穷牧师，按父亲的意愿，让他当一个牧师，而小林耐却热爱植物。

林耐热爱植物是不足奇怪的，他父亲是一个靠经营花园为生的人，林耐从小是在花丛中长大的。

中学读书时，林耐非常喜欢采集动植物标本。中学教师罗特曼发现他的爱好，鼓励他学医，让他住在自己的家中，对他进行辅导，教他用花作区分植物的标志。

中学毕业后，从1727年到1733年，先后在龙德大学、乌鲁萨拉大学学习。他受到医学教授路德比克的赏识，大学还没有毕业就代路德比克讲授植物学。25岁那年，他在学校的资助下，独自到瑞典北部的拉普兰地区进行考察，他旅行2800多千米，收集了100多种新植物，回到学校以后写成了《拉普兰植物志》。

1735年，林耐离开瑞典到荷兰去进修医学。在荷兰莱顿城，他把自己写的《自然系统》一文的手稿送请格罗马博士指教。格罗乌看后极为赞赏，自愿出钱帮助出版这篇论文。在荷兰期间，林耐受布尔曼博士聘请经营植物园，有了很好的研究和写作条件。在短短的三年时间里，他写了许多著作，成为一位大有名气的学者。

他曾游学欧洲各国，访问过一些著名的植物学家，搜集了大量的植物标本。1738年，他回到了瑞典，被选为斯德哥尔摩科学院院长。

1741年，他被聘为其母校乌普萨拉大学的医学和植物学教授。

1753年，林耐被选为英国皇家学会的会员。

林耐生活在中国李时珍之后100多年，两个人都是医生和植物学家，可是遭遇却完全不同。李时珍生活在封建社会的末期。科学人才受到了多方面的压抑，他花费几十年心血写的

《本草纲目》，生前竟得不到出版。而林耐生活在资产阶级发展时期，科学人才备受鼓励和爱护，有人帮助他学习，资助他考察，请他当大学教授。他多次遇到"伯乐"，他是时代的幸运儿。

林耐的伟大功绩在于他确定了生物界的秩序。他在分类法上前进了一大步，但在其《自然系统》一书中，把自然界存在的植物、动物、矿物三大类，分为纲、目、属、种，实现了分类范畴的统一。他以种为分类的最小单位，根据花的数量、形状和位置，再分成属。根据各属子实体的主要特征划分为纲，并把容易概括的属列为纲以下的目。这就形成林耐闻名于世的性系，其中纲主要取决于雄蕊数，目根据雌蕊数。对动物界的分类，林耐没有提出任何共同适用的原则。但是，他把鲸归入四足类共采用哺乳类的名称。他还把人和四足动物同样列入哺乳动物纲，并把人和猿猴一起列入了灵长目。

林耐对生物学的主要贡献在于增强了这门科学的整体性。他首先用"种"的名称，作为分类系统的基础，种是彼此相像、似有共同起源的个体的总和，这些概念一直沿用至今。特别是他建立分类系统的技术，关于命名、描述、鉴定及同义词等较

为完整，以后很少修改补充。

林耐完成的分类系统中，最重要的改进是对双名法的发展，并扩大应用到动物界。他根据朱西厄出（1699—1777）的提议，属名用大写，种名用小写，并统一采用拉丁文，以改变使用各国语言引起的混乱。

这样对每个动物、植物，只用两个字，就能表示其特征及在分类系统内的地位。他于1753年首先应用《植物种志》，1758年，又在《自然系统》一书的第十版中，应用于动物。

由于林耐对双名法的改进及普遍应用，使自然界形态、习性、大小各异的生物，可以排成一个有规则的系统，这就为以后生物进化的研究打下了基础，成了近代生物学的一项重大成就。

林耐在鉴定大量新种的同时，还对植物的自然系统进行了探索研究。他清楚地认识到，以一种器官为基础的分类系统具有片面性，因此，他认为建立自然系统是研究植物学的最高目标。他提出过若干至今认为是完全自然分类的类群，如棕榈、百合科等。

他在《植物的哲学》（1751年）中又引证了一些自然类群，但未能把自然系统看作是历史发生的"系统树"，而看成是世界地图上各国的交界。他一直很关心自然系统的研究，

但是，由于难度很大，他从未认为自己可以完成这项工作。

1753年，在他出版的《植物种志》中，他对5938种植物进行了分类和命名。他把动物分作四足类、鸟类、两栖类、鱼类、昆虫类等。

由于林耐的分类法是按照人为选定的标准（比如生殖器官），而不是按照自然进化的亲缘关系来划分的，所以，被称为人为分类法。

林耐的重大成就是对植物的科学命名，建立了植物的"双名命名法"，即"二名法"。将植物的命名分为两种功能，即每一种植物有两个完全的名称：一个是供日常使用的、两个或两个以上的特定名称；加一个是表示特征的、由多字组成的描述性多词学名。

这样，使过去紊乱的植物名称归于统一。对植物分类学研究的进展，起了很大的推动作用。

林耐还根据花的雄蕊数目和位置，人为地把显花植物分为23纲，加上隐花植物1纲，共为24纲，即所谓林氏24纲。这种分类法曾一时被广泛采用，至19世纪才为自然分类法所代替。

林耐用人为分类法和"双名制"的命名法，使杂乱无章的关于动植物方面的知识形成了完整的体系，使生物界开始变得有规律可循了。

林耐在科学界和社会上有很大的影响，有许多追随者，不少地方成立了林耐学会。有些人把林耐和牛顿相提并论，他们认为由于牛顿的工作，天体有了次序；由于林耐的工作，生物界有了次序。

林耐本人十分狂妄，他不但对动植物分类，而且对科学家也进行了分类，由他自己来担任总司令。

林耐和牛顿一样，也受形而上学的观点的支配，他的分类法忽视了物种之间的相互联系。他认为，造物一开始创造多少物种，现在就存在多少物种，植物和动物的种类一旦产生就永远确定下来。当他附带说到杂交可能产生新种的时候，已经觉得是做了太大的让步。

法国植物学家布丰（1707—1788）认为，自然过程总是循序渐进的，可以发现许多中间物种以及一半属于这一类、一半属于那一类的物种。林耐的错误就在于他不了解自然的过程。

林耐的物种不变的观点和他的人为分类法是紧密相连的。在他所处的时代，进化论还没有建立起来，只是在进化论产生以后，人为分类法才被按进化中的亲缘关系的自然分类法所取代。

林耐的著作很多，其中最著名的有：《拉普兰植物志》（173年）、《自然系统》（1735年初版、1758年第十版）、《植物学要旨》（1736年）、《植物学书籍考》）《植物的分纲》《植物的分属》（1737年）、《植物哲学》（1751年）、《植物分类》（1753年）、《植物之属性》（1757年）等，这些著作对今天植物的命名，仍然具有国际性的重要意义。

其中《植物的分属》一书可算是近世有系统的植物学的第一部著作，书中所收集的植物有八万多种。

《植物分类》是林耐生平研究植物的结晶。由于他的伟大贡献，瑞典国王赐予他北极星爵士的头衔。1757年，他发表的论文《植物之属性》得到了圣彼得堡帝国科学院奖赏。

1778年春天，正当百花盛开、万物生长的时候，林耐与他热爱的大自然长辞了！终年七十一岁。

真空电子三极管的发明者——福雷斯特

1888年，赫兹（Rudlf Heinrich，1857—1894）发现电磁波。1895年，意大利的马可尼（GogliemO Marcoi，1874—1937）首先进行了无线通讯实验。马可尼的这一实验是在他出生地意大利的波罗格那进行的，并取得了成功。因此，1896年2月，他携带这台实验装置和母亲一起前往英国。同年6月，他取得了世界上第一个有关无线通讯装置的专利。

马可尼去英国是因为他听了母亲的劝说，母亲认为，"为了使马可尼的发明真正实用，与其留在意大利，倒不如去英国更有利。"

1904年，马可尼公司的技术顾问弗莱明（JohnAmborise Fleming，1849—1945）发明了二极管。两年后，将这种二极管发展成三极管的是赖·德·福雷斯特（Leede Forest，1873—1961）。这种三极管除检波外，还可以进行放大。因此，三极管也进入了全盛时代。

1873年8月26日，赖德·福雷斯特生在美国的爱华州的坎斯塔特地的格拉夫。

1896年，毕业于耶鲁大学。毕业后，立即参军，走上了西班牙和美国战争的战场，所以，推迟了一年才在1897年取得博士学位。他是美国写出有关无线通讯的学位论文的第一个人。

从学生时代起，他就非常关心马可尼研制的无线通讯，并有十分浓厚的兴趣。

赖德·福雷斯特是最早的真空电子三极管的发明人

1899年8月12日，他前往芝加哥，在威斯坦电气公司工作。

最初在发电机部工作，从上午7时到下午5时15分加工零件的切槽和润滑。这项工作非常繁忙，他在日记中曾经这样写道，"几乎每天都没有学习的时间。"

同年10月，他转到电话研究所工作。

在这里有一个条件十分完善的图书馆。在这个图书馆里，他开始系统地研究无线电讯号检波器等。11月，他从魏德曼纪要四月号（1899年）刊登的阿休基纳斯的论文中，很快就找到了解决自己正在

思考中问题的启示。

当时，他正在埋头于自己叫作"共鸣器"的新型无线装置的实验，所以，对本职工作——电话实验和制作装置却逐渐马马虎虎了。

威斯坦电气公司的戴恩对福雷斯特的工作也开始不满意。终于有一天他叫来福雷斯特，大声说道："喂，福雷斯特先生，你怎么也不能成为一个电话技师。我不明白，你随心所欲能干成什么事业呢？"

福雷斯特漫不经心地听了这番话，从那以后，他每天八小时都在自己秘密工作的地方进行着有趣的实验，把自己挣工资的本职工作的电话研究完全置于脑后。

他给在米尔沃基重新组建的美国无线电讯公司经理约翰教授写了一封信，这是因为约翰教授来芝加哥时曾见过他，并劝他到自己的公司工作。

1900年5月1日，德·福雷斯特在米尔沃基的格兰德阿贝纽809号开给了他的无线电研究工作。

但是，他在这家公司只干了三个月，就辞掉了这里的工作。1900年，他作为辅助员到威斯坦电气杂志的编辑部工作，尽管工资微薄，然而，他仍然继续坚持搞无线电讯实验。他把全部精力都集中到实验上。所以，为威斯坦电气杂志工作的时间也越来

少了。

最后，终于辞退了这里的工作，他决心作为一名发明家度过自己的一生。

1901年，他第一次得到了公开自己制作的无线装置的机会。

这是应出版者新闻协会的邀请，用无线通讯报导国际快艇比赛的消息。

如果成功的话，协会将给他800美元，然而，这次尝试以失败告终了。

但是，他为了制作这次报导国际快艇比赛的设备，借了一部分钱，还募集了股票，建立了自己的研究所。在1902—1906年这段时间里，他先后取得了无线电讯用的同步机、发电机、天线防水装置等34项专利。

1900年，在和斯密思作共鸣器实验时，他在操纵电火花设备过程中，当实验室的汽灯变暗，装置停止工作时，又返回到原来亮度，他从这一现象中得到了启发，制作了在充满气体的管中有两个电极的检波器。

后来，裁判所评价这种检波器时说，"这不能起任何作用。"

但是，这一尝试竟成了给无线电技术带来巨大变化的发明的开给。

福雷斯特使用充填气体制成的二极管，继续进行实验，在白炽电极（阴极）和冷电极（阳极）之间加上了一个叫作"栅极"的第三个电极，就将二极管制成了三极管。

使用三极管的话，因加在栅极上的电荷变化，从阴极流向阳极的电子也出现了明显的变化。当加在栅极上的低电位变化时，从阴极到阳极也会发生同样的变化，而且，可以得到强大的电流。他成功地控制了横穿热电极和冷电极之间的电流。

这样，这种三极管就可以作为整流器和放大器使用了。

以这种三极管作基本原件，又制作了收音机用真空管，因此，收音机也进入了实用的阶段。

由于三极管可以放大微弱信号，所以很快被应用于信号发生器、电台、雷达、收音机等电子设备，成为电子领域中最重要的器件。真空三极电子管的诞生是一项划时代的发明，成为电子工业革命的开端。正是在这一发明的基础上，经过几代人的努力，才使晶体管、集成电路等电子器

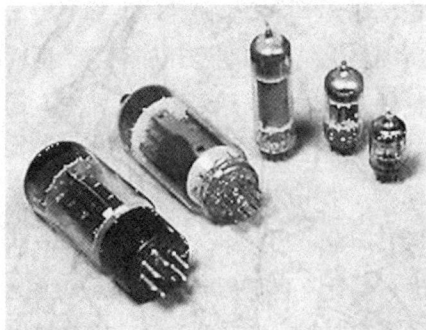

真空电子三极管

件接连不断地问世，开发出一代又一代的通信产品与计算机产品。

1910年，他使用了三极管播送了意大利的著名歌唱家思和克·卡鲁索演唱的歌。1916年，成立了广播事业局，开始播放新闻消息等。

到肖克莱（William Shockley，1910—）发明晶体管以前的30多年时间里，福雷斯特发明的三极管被广泛地应用于无线电通讯。除此以外，也应用于各种电子仪器。

1912年，他进行了有关三极管的新实验。使用2个或3个三极管，使第一个三极管的输出功率成为第二个三极管的输入功率，由此就可以得到比使用一个管更大的放大倍数。

此后，他又发现三极管可以作为振荡器使用。这一发现具有极其重要的意义。

1913年，他申请有关反馈电路的专利。但是，有关这一发明，他和哥伦比亚大学的大学研究院助手阿姆斯特朗就优先权问题展开了争论。据说他俩人的争论也是无线电技术史上最热烈的诉讼。

在第一次诉讼中，阿姆斯特朗获胜。因此，1917年，福雷斯特向电话公司转让出售了反馈电路以及全部无线电话专利、所有的有关真空管的发明。而且，从那以后，他就离开了无线电通讯工作。

1928年，有关这种反馈电路的专利，最高裁判所推翻了原判决，承认了福雷斯特的优先权。

1920年以后，他的兴趣也从无线电通讯转到其他方面上。他发明了白炽灯等，这种白炽灯是将音的变化转变成电流强度的变化，进而再将电流强度的变化转变成光的强度变化。而且，他的注意力也投到有声电影上。

这种白炽灯的亮度的变化作为录音带可以印在电影的胶片上，这种亮度的变化还可以作为声响再生。

1923年，他首先放映了有声电影。从那以后，电影就向真正的有声电影道路迈进了一大步。

他几乎有马可尼之类企业家的活动和组织能力。他的发明才能可以使很多的公司振兴，然而，任何一项也没有长期持续下去。

他有处理不完的大量的构思。而且，不断地向新领域进军。因为他具有"难以控制的发明冲动"，所以，当碰上一个问题时，一定要克服各种困难，完成这项发明。福雷斯特就是一个具有这种能力的人。

但是，当他的研究工作碰到什么外来干扰的话，或者当他发现收效不大时，就开始另一项新的研究了。

局外人的功劳

JU WAI REN DE GONG LAO

"教堂的塔尖变近了"

在16世纪末的荷兰，眼镜和放大镜制造业成为重要产业。

一位名叫李普希的商人，在荷兰的米德尔堡小镇上，经营着一家眼镜店。他有三个活泼可爱的小男孩。由于家里玩具少，孩子们经常把一些磨坏的镜片拿来玩。

一天，三个孩子拿着镜片在阳台上玩。调皮的二弟将两个镜片叠在一起，眯着眼睛，看远处的景物。

忽然，他大叫起来："哥哥，快来看，教堂的塔尖变近了。"

两个哥哥照着弟弟说的那样，将两个镜片叠在一起，果然，前方的教堂、树木变得高大清晰了。

"哥哥，这是为什么呢？"小弟问道。

"我也不知道。"两个哥哥异口同声地回答。于是，他们去找爸爸。

"爸爸，为什么将镜片一前一后地拿着看教堂塔尖，教堂塔尖变近了？"小弟问道。

"这是因为……啊，没有这种事。不要胡闹了，爸爸很忙。"李普希放下手中正在磨研的镜片，慈祥地对孩子说。

"这是真的。"

"这确实是真的。"两个哥哥为小弟作证。

李普希只好跟着孩子们，来到阳

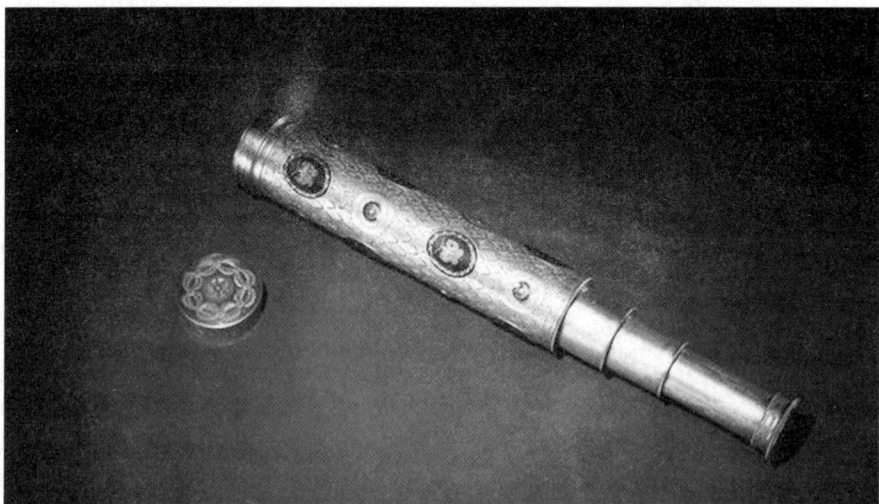

铜镀金嵌珐琅望远镜

台上。他按照孩子们说的那样，将两个镜子拿好。确实，他发现塔尖变近了。

"这是为什么呢？"他百思不得其解，经过进一步的试验，他发现只要将一块凸透镜和一块凹透镜组合起来，把凹透镜放在眼前，把凸透镜放在远一些，并调好两镜片间的距离，就可以看见很远的物体。

李普希制成一根粗细、长短合适的金属管，并把凸透镜和凹透镜放入管内恰当的位置。用这个装置观看远方的景物，会使景物变近了。作为商人，李普希想："也许这是一桩赚钱的制造行业。"于是，他向荷兰国会提出了申请专利的要求。

1608年，李普希获得荷兰政府的专利权，荷兰政府除奖励他一大笔奖金外，还拨出专款，命令他为海军制造一种用两眼观察的双筒望远镜。

荷兰政府认为，如果海军有了望远镜，就等于有了一双"千里目"，将大大提高战斗力。他们秘密地进行望远镜的制造工作。

1609年6月，居住在意大利威尼斯的物理学家伽利略，从同行中听到了这一消息。他想："如果用望远镜观测天体，也许可以。"他立刻从眼镜店里买来镜片，并加工了一个铜筒，然后将镜片装入铜筒中，一架望远镜制成了。用它观察远方的物体，比用肉眼观察近3倍。之后，伽利略对望远镜制造技术进行了改进，使用它观察比用肉眼观察近30倍。

1609年，在一个群星璀璨的夜晚，伽利略将远望镜的镜子对准了月球。自古以来，人们认为月球皎洁无瑕的，可透过望远镜，他看到月球表面凹凸不平，既有平原，也有山脉。他不禁惊叹道："月球原来是一个满脸麻子的人！"

之后，伽利略还用望远镜观察了木星，发现木星边上有4颗小星星围绕着它转；用望远镜观察太阳，发现了太阳的自转；用望远镜观察银河系，发现它是由无数暗弱的恒星组成的。伽利略发明的望远镜与李普希发明的望远镜一样，都是由凹透镜和凸透镜组成的。人们称这类望远镜为"折射式望远镜"。这种望远镜有一个缺点，就是所有的图像都带有彩色的边缘。显然，这会影响观测的准确性。

1668年，英国物理学家牛顿在研究折射式望远镜的基础上，成功地制成了第一架反射式望远镜。它的镜筒直径约为2.5厘米，长度约为15厘米。它克服了折射式望远镜的缺点。之后，又诞生了射电天文望远镜、空间望远镜等。新型望远镜的不断问

世，把人类的目光投得更远。

误打误撞的发明

大约在400多年以前，古老的威尼斯城(今意大利境内)住着一位玻璃匠，名叫巴门。那时候，在中国虽然有铜镜，而在欧洲还没有造出镜子来。巴门的小女儿长得很漂亮，她常常跑到河边，对着水面梳头。

水面能映出人影，但是不太清楚，女儿常唉声叹气。巴门决定要给心爱的女儿制造一个镜子，让她可以看到自己可爱的脸蛋，还有可爱的微笑。他想在玻璃上打主意，试验多次，都没有成功。

有一天，巴门出去给客户送玻璃。中途路过哥哥家，他就进去休息一会儿，顺便还想向哥哥借点钱。巴门的哥哥是一位打制银餐具的工匠。他一听说弟弟来借钱就不高兴，夺过巴门手中的玻璃板，顺手丢到白银薄板上，说道："你又要借钱，我还不够用呢！"巴门心里一惊，走过去想看看玻璃碰坏了没有，结果他看到了什么？他看到玻璃中照出了自己的面孔，形象非常清晰。巴门高兴地说："我不借钱了，我要借你的银板用一下……"

欧式古典镜子

巴门在家研究了多日，最后决定把银板压得薄薄的，变成银箔，贴在玻璃后面，第一面玻璃镜子就这样造出来了。他的女儿当然很高兴。

当时，威尼斯国王听了这个消息，就把巴门召进皇宫，请他再造一面镜子，送给法国的波丽王后。巴门如约制造了这面意义非凡的镜子。这面镜子是一件两国友好往来的礼品，非常贵重。据说，它的价值是15万法郎，威尼斯国王又在一座孤岛上兴建了皇室制镜工厂，严格保密，四周哨岗林立，工人只许进，不许出。谁敢逃跑便处以极刑。

法国的国王路易斯，看到了神奇的镜子，但是自己国家不会制造，心里很不高兴。他对几名暗探说："给你们一个特殊任务……"暗探来到威尼斯，终于弄清了秘密制镜厂设在木兰诺岛。后来，他们在一个深夜偷偷地潜入岛上，绑架了两名制镜技师，并顺利地返回了法国。

公元1666年，在法国的诺曼城，开办了第一家法兰西制镜厂。制镜技术从此走向公开化，渐渐地传到了世界各地。

穿上了木头外衣的铅笔

在很早以前，人们用铅写字、记账，这种笔就叫"铅笔"。在我国，据记载，在距今近两千年的东汉初期，就有人使用铅笔。在欧洲，早在希腊和罗马时期，也开始使用铅笔了。

这种名副其实的铅笔并不好用。铅条很容易折断，写出来的字迹也不理想，颜色较淡，笔迹模糊。

到了16世纪，英格兰人开始使用一种石墨条。起初它主要是被商人用于给货物作记号，因此，人们把它叫做"打印石"。相传，"打印石"是由一位牧羊人意外发现的。

1564年，一场猛烈的飓风袭击了英国坎伯雷的平原。这场飓风破坏力极大，连当地一棵根深叶茂的大树也被连根拔起。

风暴停息后，一位勤劳的牧羊人赶着羊群路过大树旁。他好奇地走到树根坑旁看一看，发现树坑里露出了一大片黑黝黝的石头。

"奇怪，这是什么东西呢？"于是，他跳到坑里，用手摸摸"黑石"，手被沾得黑漆漆的；用指甲划一划，"黑石"上出现了一道痕迹。他自言自语地说："这种又黑又软的'石头'真是没见过。"

看着自己的一双黑手，聪明的牧羊人忽然想到：用它在绵羊身上画记号，自家的羊就不会认错了。他连忙采了不少"黑石"随身带走。由于这种"黑石"像铅一样，会使接触到它的东西变黑，因此牧羊人称它为"黑铅"。

后来，一位精明的商人看到了"黑铅"，认定这里面有钱赚。当时英国的贸易发达，商人们做买卖时需在货物包装袋上标号码、写字，可生意人一直苦于没有理想的书写工具。那位商人挖掘出"黑铅"，将它切成条形状，用布包起来，贴上商标，卖

给做生意的人。

这种"黑铅"就是石墨。与真正的铅笔相比，它划出的笔迹粗黑清晰，效果好得多。因此，这桩"打印石"买卖生意兴隆，整船整船的"打印石"渡过英吉利海峡，被运至欧洲大陆，几乎成为各国贸易中不可缺少的商品。

从某种意义上说，"喜新厌旧"是人类发明的动力，也是推动社会发展的动力。新生事物刚诞生时，人们欢呼雀跃，但经过一段时间，新生事物变成了陈旧事物，引起人们的不满，由此导致新的发明。"打印石"使用一段后，人们发现了它令人讨厌之处：笔迹颜色太深，也容易脱落；书写时，稍一用力，就会折断；书写时也容易弄脏手。

如何克服"打印石"的这些缺陷呢？不少专家耗尽心血，也没有找出一个好办法。直至18世纪，德国化学家法贝尔才攻下了这个难关。

法贝尔认为：要改良石墨，必须将石墨研成粉末，然后将它和某种物质粘合在一起，才能达到目的。按照这一思路，他进行反复的试验，结果发现：在石墨粉中掺进一定量的硫磺锑和松香，经加热凝固后就可得到改良的石墨。它硬度合适，书写流畅，字迹清晰，也不容易弄脏手。

1760年，法贝尔筹资建立了铅笔工厂，大量生产铅笔。其产品不仅在国内销售，而且还运往英国、法国等地。1789年，法国资产阶级大革命爆发了。英国、德国等邻国对法国进行了封锁，铅笔运不进法国了。这对于法国的作家、画家们来说，无异于断了粮食。当时，有一位名叫康蒂的画家，下决心自己研制铅笔。

康蒂知道，石墨的数量很有限，必须用尽量少的石墨生产尽量多的铅笔。为了达到这一目的，他在石墨粉末中掺进各种不同的物质进行烧制。结果他惊奇地发现：石墨中加入不同数量的粘土，或在烧制时采用不同的温度，就能得到不同性能的铅笔芯。

1790年，康蒂分别制出了各种不同用途的铅笔。康蒂发明的笔使用效果好，颇受人们的欢迎。据说，拿破仑皇帝也很喜欢使用这种笔。

不过，不管是法贝尔还是康蒂发明的铅笔，还存在一个大毛病：书写时，稍不注意，笔还是比较容易折断。因为它的外面没有保护的东西。

1812年，美国有一位心灵手巧的木匠——威廉·门罗给铅笔"穿上"了木头外衣。门罗别出心裁地造出了有保护物的铅笔，即在两条小木条分别开一个凹槽，然后在一个凹槽上放上铅笔芯，抹上胶水，再将另一小木条的凹槽对准铅笔芯就形成了现代的铅笔。为此，门罗还研制出一种专门给铅笔芯"穿外衣"的机器。

后来，人们还根据各种需要，研制出了不同的铅笔。

车祸引发的发明

在一百多年以前，火车在美国已成为很重要的交通工具。一年夏天，一列火车风驰电掣地从波士顿往纽约开去。这时，火车司机突然发现铁路前方的岔道上有一辆马车正在跨越铁路线，于是鸣响了汽笛……不料，那匹马受了惊吓，又蹦又跳的，一下子把马车掀翻在铁轨上……情况万分紧急。火车司机见状，急忙去拉车闸。可是，火车怎么也刹不住，巨大的惯性推着火车滚滚向前，只见"砰"的一声巨响，马车被撞翻了，车上的人被压死了……

火车又向前冲了好长一段路才停下来，司机满头大汗地从火车上跳下来，摇着头对围上来的乘客们解释说："实在没办法，谁都没有那么大的力气一下子把闸拉死，制服这可怕的惯性！"说完，他擦了擦汗，脸上露出无可奈何的神色。

乘客们和看热闹的人都散开了。

这件事深深地刺激了一个年轻人，他就是铁匠的儿子佐志·维什廷豪斯。

火车又启程了，随着火车撞击铁轨发出的轰隆声，维什廷豪斯陷入了沉思："人既然能造出那么长、那么重、跑着那么快的火车，难道就没有办法使它很快停下来吗？"

回到家乡，维什廷豪斯开始设计火车刹车闸。他设计了好几个方案，制了图，还用父亲的铁炉、锻打工具，试制着刹车闸。但多种方案都失败了，巨大的火车产生的惯性，一般的力量无法制止。但他并没灰心，每次失败都激励他去探索和寻找新的办法和路子。

有一天，维什廷豪斯在报纸上看到一条消息：瑞士在铁路施工中应用压缩空气开凿隧道，加快了施工进度……他心中顿时闪出了一道火花，"压缩空气的力量能开山劈岭，难道

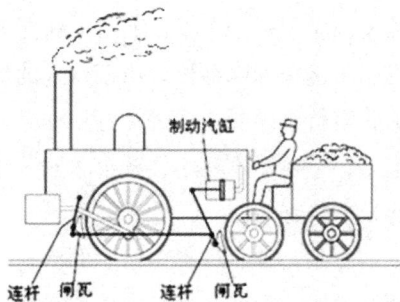

制动汽缸

连杆　闸瓦　　连杆　闸瓦

世界上第一台压缩空气制动器

就不能用来制止火车前进吗？"

维什廷豪斯虚心向有关专家求教，同时翻阅了大量有关资料，又进行了新的实验。

经过几年的努力，维什廷豪斯终于研制出一种利用压缩空气制动的新型刹车闸——世界上第一台压缩空气制动器。当时，他年仅22岁。现在气动闸已广泛地应用到火车、汽车等交通工具上。

从木轮到充气轮胎

自行车的发明经历了一个漫长的过程。

1801年，俄国有个农奴发明了一辆前后装有两个木轮，中间放着一个坐凳的怪车子。这辆怪车子就是现代自行车的老祖宗。

后来，有个德国人用木头在怪车的前面做了一个车把，又有个法国人发明了链条和脚踏板。由于众人的努力，自行车才有点像现在的模样了。但是，它还很不科学，两个木轮子踩起来非常吃力。

直到1888年，英国医生邓洛普发明了轮胎，现代自行车才基本定型。

邓洛普医生很疼爱自己的儿子，他弄了一辆自行车，给儿子骑着玩。

邓洛普

可是由于自行车的轮子是木头做的，儿子骑着它非常吃力，而且还常常摔得鼻青脸肿。

邓洛普看到儿子那副模样，怪心疼的。他想，要是能把自行车改进一下，那多好啊！

一天，他拿着橡胶管，在花园里浇花，由于水在管子里流动，震得他的手心痒痒的。橡胶管的这种弹性，使他一下子联想到儿子爱玩的自行车，他想：如果把橡胶管灌满水，这样，不就能减轻车子的颠簸吗？

经反复的试验，邓洛普终于在1888年用浇花的橡胶管制成了轮胎——全世界所有自行车轮、汽车轮等橡胶轮胎的老祖宗。

发明轮胎的邓洛普，为自行车的发展立下了汗马功劳。装上灌水轮胎后的自行车，颠簸得到了一定的缓冲，骑起来变得轻便多了。

后来，人们发现每次给轮胎灌水十分麻烦。于是，又有人把灌水轮胎改为弹性更大的充气轮胎，从此，自行车就成了既轻便、又灵活的交通工具，博得了人们的喜爱。

图书馆长量地球

古代，人类生活在天地之间。他们的脚下是一望无际的平坦的大地，他们的头上是倒扣的半球似的苍穹。因此，人们认为，大地是方的，天空是圆的，大地上生息着万物，天空中居住着神灵。

只有长期在大海中航行的希腊人，才从航海的经验中发觉，地球不是平的。他们在茫茫的大海上，看到对面驶来的航船，首先看到的是船的桅杆，然后才是船身。这岂不是说，看来平坦的海面，实际上是弧形的？所以，他们推测，地球是个球形的物体。

这个推测本身就够吓人的了，可是，亚历山大城图书馆的馆长埃拉托色尼竟然口出大言："假如地球真是个球形，我就可以计算出它的周长。"听到这话，人们没有一个不笑出声来的。人们认为埃拉托色尼说的不着边际。别说地球是不是个球，即使真像他说的那样，有谁能量出它的周长来？

但是，埃拉托色尼却不被那些流言所动，他完全有把握实现自己的诺言，而且下定决心把这件事办好。让那些只相信地方天圆的人认识到，光靠直觉，不相信真理，是何等地愚昧和荒谬。

埃拉托色尼本不是希腊人，他出生于北非的塞里尼。青年时代他来到希腊，在柏拉图的学院读书，接受了古代希腊先进的科学知识的熏陶，很快成为一名出众的学者。他在数学、天文、地理诸方面都有深刻的造诣，特别是天文地理方面，作出的贡献更大。他算出了黄道和赤道的夹角，他绘制了当时世界上最完整的地图。在他的世界图上，东边画到锡兰，西边画到英伦三岛，北面画有里海，南面

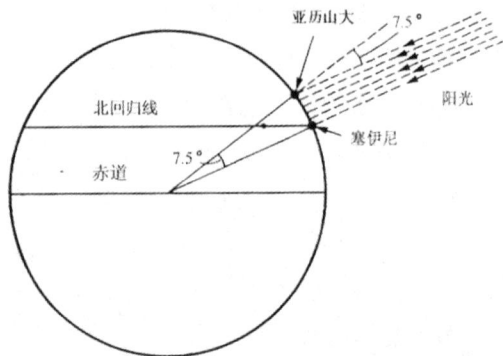

埃拉托色尼及测量地球示意图

画出了埃塞俄比亚。这许多地区同时出现在一张地图上，在公元前二百多年，确实是集人类智慧之大成，称得上前无古人了。

正因为如此，建立在亚历山大城的托勒密王朝看中了埃拉托色尼，邀请他担任亚历山大城图书馆馆长。托勒密王朝十分重视知识，亚历山大城是当时世界文化知识的中心，而它的图书馆，又是当时藏书最多的地方，凡是世界上最有名的著作，图书馆里都有一份用草纸誊写出的复本。埃拉托色尼是担任馆长的最佳人选。

埃拉托色尼经过反复琢磨研究，认为地球的周长完全可以算出来。他看到，太阳光照射到地球上，时间不同、地点不同的时候，光线与地面的夹角就不一样。人们正是利用这一特点创造了日晷，用它来计时。假如在地球上设定两个点，在同一时间内测出地面与阳光的夹角，然后测量出两点之间的距离，那就可以计算出地球的周长来。

那么，选择哪两点来测量呢？埃拉托色尼听南方来的埃及僧侣说过，在尼罗河的上游，有众多古埃及神庙的地方，有一处名为塞恩。塞恩有一处太阳神庙，庙里有一口圣井，每年的白天最长的一天，到中午，太阳光可以直射到井底。这就是说，在那个时候，太阳光跟当地的地面成直角。他觉得这正是进行计算的最佳时机，有了直角，计算就更方便，更准确。于是，埃拉托色尼把计算的地点定为亚历山大城和塞恩。

计算需要数据，第一个数据便是亚历山大和塞恩两点之间的距离。当时可没有现成的数据可抄，只能派人一点一点去测量。两地相距很远，中间隔着河流、沼泽、高山、大漠，全靠人们拿着最简单的工具，一步步踩过，一点点测量出来。经过长时间的努力，埃拉托色尼终于量出两地的距离，大约有5400多希腊里。他知道，距离越大、越精确，计算便越是成功。

现在，只要等候一年之中白天最长的那一天的中午时分了。好在那个季节，亚历山大的天空总是比较晴朗。埃拉托色尼在图书馆的广场上竖起一根垂直的杆子，先测量好杆长，然后等候中午时分的到来。

时间到了，埃拉托色尼迅速测量出杆影的长度，有了这2个长度，很快就计算出亚历山大城在这天中午太阳光与地面的夹角。有了这2个数据，再加上塞恩那边太阳光与地面成直角的设定条件，埃拉托色尼立刻计算出了地球的周长。

埃拉托色尼计算的地球周长是25万多希腊里。折合成现在的长度单位，便是4万多千米。他测出的这个数据，与后来人们用先进的仪器测出的数据相比，只相差100多千米。这个数据已经是非常精确的了。极小的误差，简直可以忽略不计。

埃拉托色尼就是这样，立旁人不敢立之志，干旁人不能干之事，一往无前，坚韧不拔地为实现自己的目标而奋斗，终于创造了科学史上一大奇迹，取得了古代希腊理性科学的重大胜利。

从木料到听诊器

在法国这座小城里，除了市长和几个实业家以外，勒内克医生可以说是最出名的人物了。城里每一条街道上都可以找到被勒内克医好的病人，假如有人生了病，其他医生都悄悄躲起来的时候，人们会众口一辞，劝他到城西去找勒内克大夫："勒内克医术高明，待病人热情。假如他也束手无策，那病人只能准备去见上帝了。"

但就是这样一位名医，也会有尴尬的时候。这一天，快到中午的时候，勒内克的诊所来了一位病人。她是位贵族小姐。当病人们都离开后，才胆怯地走进诊所的大门，低着头在勒内克桌边坐下。

勒内克看了病人一眼，她脸色苍白，嘴唇发紫，坐在那儿也略显出气喘吁吁的模样。恐怕是心脏出了毛病，勒内克略一思索，便作出了初步的诊断。他问了病人几句，便站起身来，把临街的窗帘拉上，同时把诊所的门关上，对她说："小姐。请把您的外套和胸衣解

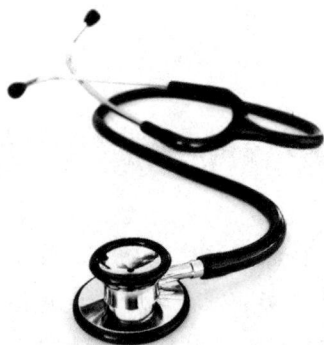

现代听诊器

开，让我听听您的心脏。"

这本是一个最简单、最合理的要求。一位医生必须了解病人患病的情况，对心脏病人，他要用耳朵贴在病人胸前，才能听清病人心脏有什么异响，判断病人患病的程度。为了这位小姐的方便，勒内克背过身子去，等候病人处理好自己的衣衫。

可是，当勒内克等候了一会儿，再回过头来的时候，却发觉那位小姐根本没有动手，两眼噙满泪水，呼吸更加急促，苍白的脸颊涌上了一抹红晕。他笑了笑，对病人说："小姐，我得检查一下您的心脏，请……"勒内克不说便罢，他这一句话，把病人吓得"哇"一声哭出来，她站起来冲出了诊所。

勒内克怔怔地在诊所里站了一会

儿，摇了摇头：这可不是我的责任。但是，一上午愉快的心情一下子被冲得干干净净。他关好诊所，慢步朝自己的住宅走去，一边走，一边还在为刚才那一幕感到内疚。作为一名医生，总应该找到办法，解决病人这种难言的困难吧。

快到家了，远处已传来女儿咯咯的笑声，勒内克从沉思中惊醒过来。

他发现女儿正跪在草地上，把脑袋枕着一根长长的木料，大声地数着数："2声，5声，这下是7声，对不对？"等木料那头的男孩子大声回答："对啦！"她又禁不住高兴地笑出声来。忽然，她看到了勒内克，便朝他招着手："爸爸，快来，这木头里有个小精灵，它会告诉你法郎西斯敲了几下。"

慈爱的笑容出现在勒内克脸上，他走上前去，跟女儿一同做起游戏来。当他把耳朵贴紧那木料的时候，果然听到木头的那端传来了响亮的咚咚声。奇怪，那个男孩敲得并不重，木头里怎么会有这么大的响声呢？

整个下午，勒内克总心不在焉，他似乎发现了什么，却又抓不住一点实在的影子。等到他想得头脑发胀的时候，勒内克忽然省悟过来：对呀，微小的声音在木头里直线传播，不像在空气中那样四散，能清清楚楚传导进自己的耳中。如果能按这原理做一个心音传导器，那不就能避免了上午女病人的尴尬了吗？用不着把耳朵贴到她胸上，她就不会吓得逃离诊所了。

一连几天，勒内克用业余的时间画图纸，做木匠活儿。他为了增强声音传导的效果，在一支木棒的两端接上了两个喇叭形的附件，让接收到的声音更清楚。等这种工具做好之后，他把女儿找来，告诉她："玛丽，咱们继续做那天的游戏，怎么样？"当他把木棒的一端贴在女儿心脏部位，耳中清晰地传来了她微弱的心跳声，女儿的心脏比成人跳得快些，但绝对正常。好奇的玛丽也要听听，当她在木棒那头，听到勒内克的心跳声时，高兴得跳起来："我听到了，是爸爸的心在跳！"

在做了几次成功的试验后，勒内克想到了那天中午没有成功的诊疗。他提着药箱，亲自到那位羞于被人听心音的小姐家中出诊。他要对每一位病人负责，顺便也能试着宣传一下自己新的医疗器械。

当那位害羞的小姐听说是勒内克医生来了，待在房里不敢出来。勒内克请女仆转告小姐，今天他带来了一件器械，名唤"听诊器"，绝对不用小姐解开胸衣，也不会像过去那样，用耳朵贴着胸去听小姐的心脏。

在一阵迟疑之后，小姐出房来了。勒内克请女仆解开她的两个纽扣，把木棍抵住她的心脏部位，自己远远的到木棍另一端听她的心跳声。果然，他听出这位小姐的心律不齐，而且明显的有先天瓣膜不全的毛病，难怪她的嘴唇会发紫呢！于是，勒内克给她配了些能稳定心跳的生物碱，并指导她如何养生。

从此以后，勒内克的听诊器很快在医生中推广开来。经过几代医生的努力，听诊器已从实心的木棍变成空心的金属管，中间还加了柔软的橡胶管，在贴胸的那端还设计出可以增强声音的膜片。直到现在，当病情不必用心电图诊断的时候，医生们依然在使用着经过了改良的勒内克的听诊器为病人看病。

由打赌引出的发明

19世纪后期，不少美国人都喜欢赛马。一天，在加利福尼亚州的一家酒店里，两个年轻人为赛马的事争了起来。

高个子斯坦大声说："马跃起的时候，4个蹄子肯定都是腾空的。"

"不对！马再怎么跑，它总有一

个蹄子是着地的。"矮个子科恩立刻针锋相对地反驳道。

两个人谁也不服谁，争得面红耳赤，也没有结果。最后，他俩各自掏出钱，准备赌个输赢。

第二天，他俩请来了一位驯马好手当裁判。可是，驯马师支支吾吾了半天，也说不清答案。于是，他们三人来到跑马场，牵来一匹马，想当场看个究竟。遗憾的是，由于马跑的速度太快，根本无法看清马蹄是否着地。

英国摄影师麦布里治听说了这件事以后，感到很好奇，他表示有办法解决这个问题。他在跑道的一边并列安置了24架照相机，让它们排成一行，镜头都对准跑道。在跑道的另一边，他打了24个木桩，每根木桩都系上一根细绳。这些细绳横穿跑道，分别系到对面每架相机的快门上。

一切准备就绪后，麦布里治牵来一匹赛马，让它从跑道的一端奔跑过来。当马经过安置有照相机的路段时，依次把24根引线绊断。随着"咔嚓"声，24架照相机快门也就依次拍下了24张照片。麦布里治把这些照片按先后顺序排列起来，由于相邻的两张照片动作相差无几，它们组成了一条连贯的照片带。从照片上就可以看出，马在奔跑时总有一只蹄子是着地

的。结果，科恩赢得了那笔赌金。

这场打赌有了明确的说法，同时也产生了一组连续的奔马照片。有一次，麦布里治无意中快速地抽动那条照片带，忽然眼前出现了一幕奇异的景象：照片中的那些静止的马叠成了一匹运动的马，马竟然"活"起来了！

麦布里治赶忙把这些照片做成透明的，按顺序均匀地贴在一块玻璃圆盘上，做成一块同样尺寸的金属圆盘，并在贴照片的位置上，开了一个和照片大小相同的洞。然后，用幻灯向白幕放映，并使两块圆盘相互反转起来。这样，就可以看到马奔跑的连续动作。麦布里治把自己设计的机器叫"显示器"。

其实，麦布里治显示器的原理与现在的电影一样，十分简单。它利用了人的眼睛的视觉暂留效应，即人的视觉反映能在脑中滞留很短的一段时间。因此，一张张静止的照片，如快速旋转，相邻的两张照片能在这一段很短时间内连贯起来，那么画面就"活"了。

1887年，发明家爱迪生受到显示器的启发，成立了第五研究室，致力于电影的研究。

经过一番努力，爱迪生终于制成了第一台"放映机"。放映机的形状

卢米埃尔兄弟

像长方形柜子，上面装有一只突起的透视镜，里面装着蓄电池和带动胶片的设备。胶片绕在一系列纵横交错的滑车上，以每秒46幅画面的速度移动。影片通过透视镜的地方，安置一面大倍数的放大镜。观众从透视镜的小孔里看到，快速移动的影片便在放大镜下构成一幕幕活动的画面。

1894年4月，第一家电影院在美国纽约市百老汇大街正式开幕。这个电影院只有10架放映机，因此每场只能卖10张票。结果，电影院前人山人海，人们争先恐后，以一睹"电影"为荣。

其实，这种"电影"存在着许多缺点，它不能投影于幕上，只有很少的人才能看到，图像也不清晰。

爱迪生对自己发明的这台"放映机"也很不满意，也想解决胶片传送方式的问题，可他束手无策。

法国科学家奥古斯特·卢米埃尔和路易·卢米埃尔兄弟俩，对电影的研制也很感兴趣，他们希望攻克电影研制的难题，拿出真正可行的电影来。

1894年末的一天深夜，路易在设计胶片传送的模拟图时，忽然想到：用缝纫机缝衣服时，衣料不正是作"一动一停"式的运动的吗？当缝纫机针插进布里时，衣料不动，当缝纫机针缝好一针、向上收起时，衣料就向前挪动一下，这不是跟胶片传送所要求的方式很相像吗？

于是，他兴奋地告诉哥哥奥古斯特，他已经有了解决问题的办法：用类似缝纫机压脚那样的机械所产生的运动，来拉动胶片。这样当这个牵引机件再次上升的时候，尖爪便在下端退出洞孔，而使胶片静止不动。

此外，他们兄弟俩还利用许多科学家的研制成果，对原始的电影做了多项改进。

1895年12月28日，巴黎的一些社会名流应卢米埃尔兄弟的邀请，来到卡普辛大街14号大咖啡馆的地下室，

卢米埃尔兄弟放映机

观看电影。观众在黑暗中，看到白布上的画面形象逼真。

这就是世界上第一部真正的电影，它意味着电影技术已经成熟。后来，人们把这一天——1895年12月28日定为电影诞生日。卢米埃尔兄弟也被称为"现代电影之父"。

一步成像

19世纪40年代期间，在一个阳光和煦的假日，公园里林木葱郁，风光旖旎，游人络绎不绝。人群中有一对中年贵族夫妇，由于夫人有些疲倦了，他们在距门口十多米的喷泉边

稍稍歇息，便朝门口走去。他们刚要跨出公园门，不料后面上来一位身挎照相机的青年，彬彬有礼地说："先生，我这里有张你们的照片，要是感到满意的话，就请留下吧。"

这位中年贵族接过照片一看，大吃一惊，也惊动了身旁的夫人。原来这是他们刚才在喷泉边停歇时的倩影：绿树、白水、游人，衬托得那样自然逼真。更奇怪的是，这个三四分钟前的情景，怎么立即被这位青年再现呢？于是，夫人倦意顿失，愿出高价请青年给她再拍一张。而贵族则把青年请到家里，要投资开发这令人喜爱的"一步摄影"。

这就是1946年美国的艺德和鲍利金发明一步成像照相机时一个动人的故事。

艺德是一位摄影爱好者。一次，他带女儿去公园游玩，哄着女儿拍了几张照片。哪知爱女撒起娇来，一定要马上看到照片：看看自己的照相是不是有父亲说的那样漂亮。艺德无可奈何地取出底片，结果当然什么也没有。这件事引起了艺德长久的思索，为什么不能搞一种"立竿见影"的照片呢？

第二次世界大战后，照相业出现了激烈的竞争局面，美国有柯达公司，德国有爱格发公司、查斯公司，

英国有伊尔福公司，法国有百代公司，比利时有吉岱公司等。艺德和鲍利金在商议如何在竞争中取胜时，艺德又想起为女儿拍照的事。

"我认为，目前从拍摄到看到照片的时间太长了，能不能缩短这段时间？"艺德一边喝着咖啡，一边询问鲍利金。

"这个想法太好了。一旦我们取得成功，肯定会出奇制胜，得到社会承认的。"鲍利金拍案叫好，又充满自信。

说干就干。他们首先摸索普通照相机的拍照经过；按下快门，胶卷被感光后，要经过显影、漂洗、定影、水洗、干燥等工序，才能得到底片，而底片也要经过同样的工序，才能得到照片，而且这一切都必须在暗室里

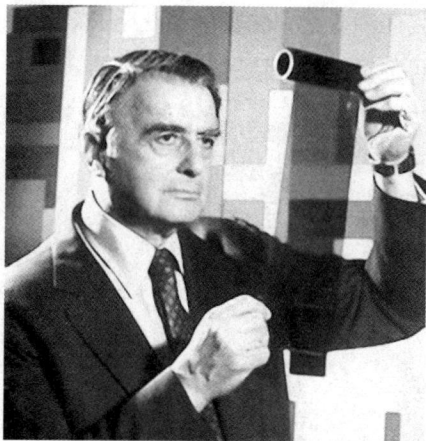

艺德和鲍利金发明了一步成像

进行。要做到并这多步为一步，能按下快门就得到照片，就得把底片、照片、定影、显影药剂集中在一起。他们并一步试一步，一步一个脚印地试验着。

冬去春来，经过他俩的反复试验，一种新的摄影技术诞生了。他们采用的一种底片，上面敷有一薄层卤化银乳胶层，叫负片，而作正片的相纸与普通相纸完全不同，上面敷涂的不是卤化银，而是一种能吸收卤化银，并能和银发生反应的化学物质；再把胶状物质——显影剂和定影剂装在一个小药包里，置于正负片之间。照相的时候，一按快门，负片即被感光，然后使正片、药包和曝光的负片一起通过压辊。在压辊的挤压下，药剂即被均匀地铺在正、负片之间，负片上感光了的卤化银在定影剂的作用下，变成黑色，而未受感光部分的一种物质，被正片接受发生化学反应，形成一个与负片明暗相反的正像。这样，只要几十秒种的时间，就可以吐出一张黑白分明的底片和影像清晰的照片了。

1947年，艺德和鲍利金的新型照相机在英国伦敦的女皇摄影大世界上展出，"一步成像"照相机开始风靡世界，并发展成今天的彩色照相。

门外汉发明机关枪

美国有个电气机械发明家叫马克沁，他小时候家里非常贫困，上小学二年级时，家里就没有钱供他读书了。

马克沁15岁时，进了一家工厂当学徒。他非常好学，有一股强烈的求知欲。工作之余，他喜欢动手制作一些小机器。遇到什么自己弄不懂的地方，就向有关专家请教，或者自己查阅有关资料。

在19世纪下半叶，美国社会上层机构经常举办射击比赛。有一次，马克沁带着步枪参加比赛。他的射击成绩不很理想，而且步枪的后座力把他的肩膀前胸震得青一块紫一块。

比赛结束，马克沁就琢磨开了：这种步枪毛病不少，要是能改进改进就好了。

有了这种想法，马克沁对武器就产生了浓厚的兴趣，并决心发明一种新型的枪。

没过多久，马克沁准备制造一种自动化的连发枪，他向美国政府提出，希望给予支持。政府有关部门人员听说后，说马克沁对枪一窍不通，也能发明枪，简直是"异想天开"。

马克沁不仅没有得到政府的支持，反而被一些人嘲笑了一通。

一气之下，马克沁来到英国伦敦，开办了一家制枪厂。他开始自己设计制造枪，他从减轻枪对射手撞击的后座力入手，对步枪进行重大改进。

马克沁利用部分火药气体，使枪完成开锁、退壳、送弹关闭等一系列动作，实现单管枪的自动连续射击。

经过一段时间的零件加工、组装，马克沁终于在1883年研制出了自动步枪。

马克沁并不满足已取得的成绩，他觉得自动步枪仍有一些不足之处，比如，射击的速度不够快，射击时枪支震动太大等。他要在自动步枪的基础上，研制出更为理想的武器。

马克沁想：要让子弹射得快，首先要保证子弹的供应。于是，他设计了一种能把帆布弹带上的子弹推上膛的装置，每个帆布弹带上可以装250发子弹。这种装置很快设计出来了，可他又发现，快射一阵后，枪管内的

马克沁重机枪

1888年8月，马克沁机枪的一次展示活动（射手右后方站立者为马克沁）

温度很高，枪管会被烧红。不将枪管温度降下来，这种装置就没有作用。

马克沁又进一步进行试验，失败了，他接着试，也不知失败了多少次，最后，他终于研制出了一种液体水套，包在枪管上。

马克沁解决了一个又一个难题，扫除了一个又一个障碍，终于发明了世界上第一支机关枪。这支枪重40磅，每分钟能射600发子弹。

有时，新的东西往往并不容易被人接受。为了宣传自己的新发明，马克沁带着重机枪，到各地表演。他每到一地，都引起了轰动。人们对机关枪的连续快速射击的性能赞叹不已。

后来，机关枪开始得到一些国家

的重视。

在20世纪初的日俄战争中，俄军使用的重机关枪发挥了巨大的威力，名声大振。

但是，重机关枪很笨重，使用起来很不方便。兵器专家对重机关枪进行改进，由此诞生了轻机关枪。

第一次世界大战结束后，又出现了一种两用机关枪。它是德国军事头目投机取巧的产物。

第一次世界大战以德国为首的同盟国战败而画上句号。1919年6月28日，在巴黎凡尔赛宫签订的和约中，明确规定德国不得生产各种进攻性武器，其中包括重机关枪。

德国的军事头目野心不死，妄图

重温旧梦，疯狂地进行扩军战备。

他们十分推崇机关枪，可是，他们又不敢过早地撕毁和约。于是，就想出了一种投机取巧的办法，生产了一种表面上看起来是轻机关枪，两脚一折又成了重机关枪的"两用机关枪"。

发明轮胎的医生

英国有个医生叫邓洛普，1887年，他自己开了一家诊所。他给人看病不但医术高明，而且还有一副菩萨心肠。因此，在当地小有名气。

邓洛普的儿子小邓洛普是当地一所中学的学生。他学习勤奋，成绩优异。在课余时间，小邓洛普最喜欢骑自行车。在他看来，骑自行车趣味无穷。可那时自行车车轮上没有轮胎，只是在钢圈外面包上一层橡皮。这种自行车骑起来，像骑马一样，颠簸得厉害。遇到不大好的路，摔倒是常有的事。因此，当时的自行车被称为"震骨器"。

小邓洛普骑自行车时，也没少摔倒。他的身上常常青一块紫一块的。他的母亲看了十分心疼，不让他再骑自行车了。可小邓洛普太喜欢这项运动了，他避开母亲，在学校里照样骑。

不久，学校决定举行一次自行车比赛。作为班上数一数二的自行车骑手，

小邓洛普被老师选派参加这次比赛。

为了不辜负老师的希望，争取为班级捧回奖杯，小邓洛普练车练得更勤了。他分析了其他参赛同学的实力后，认为自己在实力上并没有明显的优势。小邓洛普望着自行车琢磨起来：能不能让自行车的性能更好些呢？

他对自行车的轮子、踩板都做了一些改动，可这并没有改善自行车的多少性能。比赛的日子渐渐逼近，小邓洛普愁眉苦脸，吃不香，睡不甜。邓洛普看见了，笑着问道："儿子，怎么了？你好像有什么心事？"小邓洛普便将自己的苦恼告诉了父亲。"原来是这么回事，好吧，我来给你做技术顾问。"

于是，邓洛普在业余时间里又多了一件事。父子俩围着自行车忙开了。怎么才能使自行车跑得更快呢？邓洛普试图从改进链条入手，可效果并不理想。"那么，就从车轮入手吧。"邓洛普想出了一个改进的办法：用一层厚橡皮包在车轮上。他骑上一试，比原来用薄橡皮包在车轮外的车子要省力一点，震动也没有那么厉害了。

可邓洛普并不满足，他对自行车的改进工作产生了浓厚的兴趣。他决心趁热打铁，进一步改进车轮的行驶性能。

一天，邓洛普放下手中的活，来到院子后面的花园。几天没见，花园里的玫瑰花迎风怒放，鸢尾花含苞待放。邓洛普精神一振。他发现花盆里的土壤太干躁了，便接好橡胶水管，一盆一盆地浇花。

在浇到一盆放置较远的花卉时，邓洛普像往常一样，将橡胶水管捏扁，水就喷到了那盆花上了。这时，邓洛普忽然想到："橡胶水管有弹性，如果将这做成一个圆环，往里面打足气，套在自行车车轮上，自行车一定会跑得更快。"

他连忙根据车轮的周长，截下一段橡胶水管。然后用胶将两端接头接牢，往橡胶管里打足气，并封上打气孔，最后将它绑在轮子上。小邓洛普见了，迫不及待地抢过这辆改进的自行车，跨上座垫便骑开了。

小邓洛普骑了一圈后，激动地对父亲喊道："爸爸，你成功了，你太伟大了。它骑起来既省力又舒服！"邓洛普自己也试骑了一趟。果然，它不同凡响。"孩子，骑着这辆车，你一定能夺得第一名。"邓洛普拍着儿子的肩膀说。

比赛的日子到了。赛场四周人山人海，彩旗飘扬。裁判员发出一声口令后，一个个运动员像离弓之箭，飞奔而去。不一会儿，小邓洛普就比对手快了一大截。老师担心邓洛普过早

用完力气，大叫道："邓洛普，注意体力！"小邓洛普笑一笑，继续保持超人的速度行驶。直至到达终点时，他远远地把对手抛在后面。后来，小邓洛普稳稳地站在冠军的领奖台上。

老师和同学们在为小邓洛普的胜利欢呼的同时，对于小邓洛普的超常发挥感到不解。他们纷纷问小邓洛普："你今天成功的秘诀是什么？"小邓洛普指了指自行车上的轮胎，说道："你们瞧，我的自行车和你们一样不一样？"大家一看，小邓洛普的自行车和大家的确实不一样。

从此以后，充气轮胎便得到了广泛的推广。

老鼠帮忙造电木

电木，人们并不陌生，是酚醛塑料的俗称。它是在酚醛树脂中加入填充料制成的，它的用处可大了，比如我们日常生活中经常见到的电灯开关的外壳是电木做成的，收音机、电表等的外壳也是电木做成的。另外，电木还可以用来做碗、筷、盒等生活用品。

电木是美国著名化学家培克兰发明的，要说培克兰发明电木，还是老鼠帮的忙呢。

1863年11月14日，培克兰出生在比利时的根特古城。他从小聪明好

学，对自己不懂的东西，总是好问个"为什么"。21岁那年，培克兰以优异的成绩获得了根特大学的博士学位，坚实的科学文化知识，为他日后走上发明之路铺平了道路。

1889年，26岁的培克兰来到了美国。开始，他在一家摄影公司工作。不久，培克兰就发明了一种人工光源下使用的印相纸。后来，培克兰感到当时的材料工业太落后，用于日常使用的材料太少，又太贵。那时还没有塑料，制作钮扣、唱片等都要用虫胶。这种虫胶是一种天然树脂，是一种叫紫胶虫的小介壳虫分泌出来的。而几万个紫胶虫的分泌物收集起来才有1磅虫胶啊！于是，在1905年，培克兰放弃了已取得一定成绩的摄影技术研究，转而从事材料研究。

培克兰想发明一种材料作为虫胶的代用品。他花费了很长一段时间，查阅有关的论文集和实验报告。在一本发黄的杂志上，培克兰看到一则报道：19世纪70年代，德国化学家贝耶尔发现甲醛和苯酚可以发生化学反应。培克兰从中受到启发，他决定重复贝耶尔的实验，看看甲醛和苯酚到底"相处"得怎么样。

然而，要让它们发生化学反应"合二为一"，并不容易，经过不知多少次的失败之后，培克兰在1909年合成了甲醛和苯酚的化合物。这种化合物为胶体状，有点像桃树和松树上的树脂。因此，培克兰把它称为"酚醛树脂"。

这酚醛树脂的性质怎么样？有什么用途呢？培克兰决定做进一步的研究。

几年来，为了合成酚醛树脂，培克兰什么都顾不上。一心扑在工作上。培克兰太忙了，连实验室也多年没有彻底清理过，老鼠也成了实验室里的"常客"。

这些老鼠不是啃坏了记录本，就是碰倒了试管，给试验带来了很多不必要的麻烦。

为了防止鼠害，培克兰决定养猫捕鼠。他从朋友家抱回一只猫。没想到，这只猫由于长期"养尊处优"，变成了一只懒猫。它不仅不抓老鼠，竟然还和老鼠"和平共处"。

猫不解决问题，那就用捕鼠器试试。培克兰就从市场买来了一个捕鼠器。一天晚上，培克兰做完工作后，在捕鼠器的夹子里放了一块奶酪，然后，将捕鼠器放在老鼠经常光顾的试验管架上。新鲜的奶酪散发出诱人的香味，培克兰就等第二天收拾"战利品"。

第二天一早，培克兰走进实验室一看，捕鼠器上竟然没有夹住一只老鼠！更令他气愤的是，许多化验器具东倒西歪，一些瓶子被碰倒摔碎，有一支试管还"躺"在奶酪上。

"喵——"蹲在实验室一角的懒

猫的叫声提醒了培克兰。他明白了，肯定是这只懒猫干的。

当培克兰弯腰拾起捕鼠器，取出沾满酚醛树脂的奶酪时，他发现了一个现象：原本柔软的奶酪，居然变得十分坚硬，好像一块石头。

培克兰扔下手中的抹布，拿起放大镜，反复观察起来，嘴里还不住地说："这真是怪事。"

凭着科学家敏锐的直觉，培克兰认定这里有文章可做。他连忙又去买了一块新鲜奶酪，并把酚醛树脂倒在上面，结果发现奶酪也变坚硬了。接着，他把酚醛树脂倒在各种松软的东西上，结果也同样使这些松软的东西变得非常坚硬。

这些酚醛树脂与松软物的混合体有什么性质呢？培克兰经过反复试验，确认它不但能防酸，而且还能耐腐蚀，加热后非常容易成型，可以制作成各种生活用品。他还发现，这种东西不导电，是一种绝好的新型绝缘材料，后来，人们把这种东西称为"电木"。

跑起来的"木架子"

世界上绝大多数的发明创造，都是发明家们殚精竭虑的结果。但也有局外人偶然或意外触发灵感引发的发明创造。步行机的发明便是如此。

德国人德莱士是位守林人，每当他巡视走累时，就会找一个伐倒的圆木歇脚。休息一次，他便思念起下一个休息地来，崎岖的山道也就不再那么难走。可惜的是，无论哪一个休息地，都得用双腿走着去，真是没办法。

1831年的一天，德莱士又来到了一个休息地点。这是个向阳的平缓的坡地，坡地的中间，横放着一段圆木，用两块石头卡住。坐在圆木上，面对绿茵茵的草地，放眼远处的林海，吹着扑面的凉风，真是惬意极了。

德莱士的身子不觉晃动起来，身下的圆木也随着前后滚动。不知道是他晃动得太厉害了呢，还是脚跟无意中蹬飞了卡着圆木的石块，那段圆木突然沿着斜坡向下滚动起来，带着德莱士往山坡下面滚去。

这可麻烦了，德莱士拼命平衡着身子，两脚蹬地，尽量阻止圆木下滑。幸亏山坡不算陡峭，一排小灌木又帮了大忙，圆木在滑下一段距离后，终于停了下来，倒把德莱士吓出了一身冷汗。

德莱士回到坡上，回头望了望那段圆木，突然奇想顿生。刚才坐在圆木上，坐也坐不住，跳也跳不开，真尴尬。假如坐在椅子上，底下装上木轮子，再用双腿控制轮子的滚动，那便舒服多了。咦，那不是能够代替走路了

电木板

吗？平地上用双腿踩地，让木轮滚动，总比走路省力；山坡上木轮往下滚动，那速度一定更快，只要不是在险峻的山路上，这办法肯定能代步呢。

有了制造代步机的想法，德莱士便像着了魔一般，每天回到家便敲敲打打，干起木匠活儿来。他造了一个座椅，在前后各装上两个轮子，又在座椅前装上一根横木。整个椅子不高不低，正好让他舒舒服服坐着，两手撑着横木，双脚可以蹬着地面。

代步机造好了，德莱士便到大道上去试验。他稳稳坐在椅子上，双手扶横木，双足一左一右蹬踩地面，椅子两旁的木轮便滚动起来，带着他飞快地往前行。几位小青年吹起了口哨，撒开双腿在后面追赶，大声问他："德莱士先生，您坐的是什么玩意儿？"德莱士见他们气喘吁吁在后边奔跑，离自己越来越远，便大声回答："它叫奔跑机，你们可想试试？"

德莱士的"奔跑机"上路之后，立即引起别人的嗤笑。有人嫌它颠簸得厉害，一路上把坐着的人骨头都震散了；有人说德莱士骑着奔跑机，双腿一前一后甩动着，活像一只在水面凫水的鸭子。

但是，它毕竟是件完全不用马拉的车子，形体又小，到处可以去。德莱士的新玩意儿逐渐风靡了乡间城镇。人们在仿制的过程中，又把前边的轮子改成一个，在木轮上装了脚蹬，坐车的人双脚离地，再也不要像鸭子那样"凫水"了。

自从180年前，一位与机械绝对不相干的人造出了第一架步行机后，无数的局外人又对它进行了改造。他们虽然并不以制造机械为自己的职业，但他们的点点滴滴的改进，促进了自行车的发展。当你骑着自行车奔驰在大道上的时候，千万别忘了，正是这些点点滴滴的改进，推动了自行车制造业的成功。

联想——科学的金钥匙

蜘蛛的启示

1617年，荷兰奥伦治公爵的军队里来了一名22岁的博士生，他就是伟大的数学家笛卡尔。

笛卡尔对数学非常迷恋，尤其想碰一碰古希腊几何三大问题。说起这三大问题，还有一个很古老的传说：

大约两千多年前，古希腊的第罗斯岛上，一场可怕的瘟疫正在蔓延，人们生活在死亡的恐怖之中。他们来到神庙前祈求："万能的神啊，请赐予我们平安吧！"谁知神庙里的主人欺骗这些可怜的人们说："我忠实的信徒们，神在保佑着你们，只要你们把上供的正方体祭坛，在不改变原来形状的情况下，把它的体积增大到原来的两倍，神就会高兴，就能免除你们的灾难。"

人们听后立即去改造神的祭坛，他们把祭坛的每边长扩充到原来的两倍。但神庙的主人看后说："这哪里是原来的两倍，这是原来的八倍了。神不高兴啊！"

人们听后赶忙拆了重建，他们把体积改成了原来的两倍，可形状却是一个长方体。神庙的主人训斥道："该死的信徒们，你们怎么把祭坛的

数学家笛卡尔

形状改变了呢，这不是戏弄神吗？当心还有更大的瘟疫！"

惊慌失措的人们急忙去找著名的学者柏拉图，把希望寄托在这位大智者的身上。谁知柏拉图和他的学生们无论怎么用码尺和圆规去画，也同样找不到正确的办法。于是，立方倍积问题便成了一道几何难题。

后来，希腊人又碰到了把一个已知角分成三等分和化圆为方的问题(即求一个正方形，使它的面积等于一个已知圆的面积)。

从此，立方倍积、三等分角、化圆为方这三个问题一直困扰着世世代代的数学家，不少人为此呕心沥血，穷毕生精力也找不到答案。

笛卡尔认真总结前人的大量经验教训后猜想，古希腊三大几何难题，采用尺和规作图的办法，是不是本来就作不出呢？应该另找一条道路才是。

1621年，笛卡尔与数学家迈多治等朋友来到巴黎，潜心研究数学问题。

1628年，笛卡尔又移居资产阶级革命已经成功的荷兰，进行长达20年的研究。这是他一生最辉煌的时期。

一天，疲惫不堪的笛卡尔躺在床上，望着天花板思考着数学问题。突然，他眼前一亮，原来，天花板上有一只蜘蛛正忙碌地编织着蛛网。那纵横交错的直线和四周的圆线相交叉一下子启发了他。困扰他多年的"形"和"数"问题，终于找到了答案。他兴奋地爬了起来，迫不及待地把灵感描绘出来。他发现了这样的规律，如果在平面上画出两条交叉的直线，假定这两条直线互成直角，那么就出现4个90°的直角。在这4个角的任一个点上设个位置，就可以建立起点的坐标系。

这个发现的基本概念简单到近乎一目了然，但却是数学上的伟大发现。它就是建立了平面上点作为坐标的数(X、Y)之间和一一对应关系。进一步构成了平面上点与平面上曲线之间的一一对应关系。从而把数学的两大形态——形与数结合了起来。不仅如此，笛卡尔还用代数方程描述几何图形，用几何图形表示代数方程的计算结果。于是，创造出了用代数方法解几何问题的一门崭新学科——解析几何。

解析几何的诞生，改变了从古希腊以来，延续两千年的代数与几何分离的趋向，从而推动了数学的巨大发展。虽然，笛卡尔在有生之年没有解开古希腊三大几何问题，但他开创的解析几何却给后人提供了一把钥匙。

1837年，数学家万芝尔首先证明了，立方倍积和三等分角两个问题，不能用尺和规去完成。

1882年，林德曼又证明了化圆为方的问题也不能用尺和规来完成。

他们的证明，都是应用了解析几何的原理。

解析几何的重大贡献，还在于它提供了当时科学发展迫切需要的数学工具。17世纪资本主义迅速发展，天文和航海等科学技术对数学提出了新的要求。例如，要确定船只在海上的位置，就要确定经纬度；要改善枪炮的性能，就要精确地掌握抛射体的运行规律。所有这些，涉及的已不是常量而是变量。

而这些问题的研究都基于笛卡尔

的解析几何的诞生。

诞生于实验中的气体定律

1627年1月25日，波义耳出生在爱尔兰的一个贵族家庭里。他的父亲科克伯爵有钱有势，整天忙于财务账册，对书本上的知识丝毫不感兴趣；母亲性格温顺，但在他4岁时就去世了，他还有一个姐姐和一个哥哥。

波义耳小的时候在伊顿小学学习，波义耳十分喜爱读书，尤其对历史故事和诗歌感兴趣。他思路开阔、勤于思考、记忆力强，在学校里是一名优秀的学生。

青少年时期，波义耳十分钦佩意大利著名科学家伽利略。1641年，他专程来到了意大利。可惜伽利略已经去世了，但伽利略的科学理论对他产生了深刻的影响。他决心像伽利略那样，做一个不迷信权威，勇于开创科学实验道路的人。他18岁时从意大利回到伦敦，便经常和那些与他志同道合的科学家们在一起聚会，讨论新兴的科学问题。他把在伦敦继承的领地斯泰尔桥梁的建筑加以改造，实现了拥有大型实验室的愿望。1645年，实验室开始进行物理学、化学和农业学等方面的研究工作。通常是他给助手讲明一天的工作，然后回到工作室向秘书口授哲学论文。

一天，波义耳在做化学实验时无意中将盐酸沫溅到了紫罗兰花上。很快，他发现紫罗兰花发生了变化，那些花瓣全都变成红色了。于是他和助手从植物的花及根中提取了各种颜色的浸液，然后把一些白纸条放到里面，观察它们在酸或碱的作用下所产生的变化。他发现在石蕊溶液中浸泡过的蓝色纸条，遇酸变红，遇碱变蓝。由此他指出，一些植物的汁液能作为确定酸性、碱性或中性的指示剂。他还发现，用加银盐溶液的方法，可以测试出氯化物。波义耳的这些发现，对于科学定性的分析有着十分重要的作用。

1652年初，波义耳回到了爱尔兰。由于缺少实验的必要条件，他转而开始研究医学，并且对解剖学和生理学的研究也入了迷。当时，牛津大学的许多科学家，都一再邀请波义耳到他们那里去。

1654年，波义耳去了牛津。他在那里租了几间房子建立了自己的实验室。一年后，青年科学家罗伯特·胡克来实验室给他当助手，他们共同研究并改进了德国人盖立克新发明的泵。改进后的空气泵就像现在的打气筒，它有个相反的阀，能抽出空气。

波义耳

这在当时可是个了不起的发明。

有了空气泵，波义耳做起研究工作更方便了。他发现，物质在真空中难以燃烧，磁铁却能通过真空起作用。他把钟吊在密闭的容器中，证明了声音要靠空气传播，因为容器中空气越少，钟的滴答声越小，把空气渐渐放进去，声音便从无到有。

波义耳又研究了意大利物理学家托里切里的真空实验。托里切里实验是在一根长1米，一端封闭的玻璃管里装满水银，用拇指堵住管口倒置在水银里，水银柱在离水银面约76厘米的地方便不再下降。

水银柱为什么不再下降？这个问题当时争论得十分激烈。托里切里认为，这是大气压力对槽中水银面作用

的结果，这套装置，实际上就是一个气压计。波义耳同意他的看法，并且用实验来加以证明。他把实验的水银槽放在密闭的容器中，把里面的空气抽空。有趣的情况出现了，玻璃管中的水银柱开始不断下降。等到空气一点点送进去。管中的水银柱又逐渐升到原来的位置。波义耳的实验证明了水银柱不再下降是大气压力作用的结果。

但这个结论却遭到了比利时物理教授李纳斯的反对。因为李纳斯也设计了一个实验：在一根两端开口的玻璃管中灌满水银，两头用拇指按住，把一端放入水银槽中并松开拇指，按在另一端的拇指就会感到一种拉力。他认为是这个拉力把水银柱拉到了76厘米的地方。

实验是最好的回答。波义耳用一根一端封闭的J型管从开口处灌入水银。水银流入管子却不能升到顶端，因为空气被堵在这里，长管和短管的水银面相等。长管开口处水银面仍是76厘米水银柱，短管中空气体积为48小格。波义耳不断往长管一端加水银，封闭在短管中的空气体积开始变小。他惊喜地发现：当小管中水银液面比短管中水银液面高出76厘米，即压强增加一倍的时候，短管中的空气恰好从48小格缩小到24小格，这正是

原来体积的一半。他又往长管中灌水银，发现压强为大气压3倍时，短管中的体积就缩小至16格。

由此，他得出了著名的气体定律：在温度不变的条件下，一定质量的气体压强跟它的体积成反比。波义耳以精密的实验，批驳了李纳斯的错误结论。

煮土豆的高压锅

在很久以前，有一位法国青年帕平被迫逃往国外。他沿着阿尔卑斯山艰难跋涉，打算到瑞士避难。帕平一路上风餐露宿，渴了找点山泉喝，饿了煮点土豆吃。

有一天，帕平走到一座山峰附近，他觉得饿了，于是找了一些干树枝，架起篝火，又煮起土豆来。水滚开了几次，土豆依然煮不熟。为了填饱肚子，他无可奈何地把没熟的土豆硬吃了下去。

几年后，帕平的生活有了转机，他来到英国一家科研单位工作。阿尔卑斯山上的往事，记忆犹新。他找来了许多参考书，希望能查出个究竟，他隐隐约约感觉到这跟大气压有关系。一连串的问题在帕平脑子里翻腾：物理学上的什么定律能够解释这个现象？水的沸点与大气压有什么关系？随后，他又设想：如果用人工的办法让气压加大，水的沸点就不会像在平地上只是100℃，而是更高些，煮东西所用的时间或许会更少。

可是，怎样才能提高气压？

帕平自己动手做了一个密闭容器，他要利用加热的方法，让容器内的水蒸气不断增加，又不散失，使容器内的气压越来越大，水的沸点也越来越高。可是，当他睁大眼睛盯着加热容器的时候，容器内发出咚咚的声响把他吓坏了。帕平只好暂时停止试验，呆呆地坐在椅子上。

又过了两年，帕平按自己的新想法绘制了一张密闭锅图纸，请技师帮做制作。另外在锅体和锅盖之间加了一个橡皮垫，锅盖上方还钻了一个孔，这样一来，就解决了锅边漏气和锅内发声的问题。帕平把土豆放入锅内，点火冒气，10多分钟之后，土豆就煮烂了。然而他仍不满足，煮鸡行不行？煮排骨行不行？实验证明，这个设备同样完成得很好。

1681年，帕平造出了世界上第一只压力锅——当时叫做"帕平锅"。他邀请英国皇家学会的会员们来参加午餐会。实际上是对压力锅进行"鉴定"。带着高高白帽子的厨师，当着众多神气十足的绅士、爵士们，把一只只活蹦乱叫的鸡宰了，塞进压力锅里，然后架到火炉上。那些满腹经纶的专家一杯茶还没有喝完，一盘盘热气腾腾、香味扑鼻的清蒸鸡已经摆在他们的桌上了。哈哈！鸡肉全熟了，鸡骨头也软了。"这是在变魔术吗？"这些老资格的、又爱挑眼的科学家们被折服了。从此，帕平和高压锅一起，名扬四方。

轮船的发明

富尔敦

轮船是美国工程师富尔敦发明的。

富尔敦小时候非常淘气，喜欢游泳、爬树、钻山洞，特别喜欢画画，他画的画活灵活现，就跟活的东西一样。可是，他的功课不好，常常被老师批评。但老师不得不承认，富尔敦很聪明，喜欢动脑子，特别爱问"为什么"。

一天，富尔敦瞒着大人，奔到河边，解下系绳，登上小木船，划着木桨去钓鱼。船行驶到半路上，忽然碰到大风，小富尔敦拼命地划动木桨也无法使船前进，花了九牛二虎之力，才使船走了十几步水路。他灰心了，只得满头大汗弃舟登陆。

回家的路上，他的脑子像走马灯似地转开：为什么船顶风就划不动？为什么拼命划桨也没用？怎样使划船不费劲儿呢？有没有顶着风也能航行的办法呢？晚上，富尔敦在床上翻来覆去地睡不着。

第二天，风停了。富尔敦又到河边去玩。他解开系绳，跳上那只木船，又研究起昨天路上想的问题，想啊，想啊，他忘记了划桨，只是将两只脚下垂在河里，不停地晃荡、捣动。不知不觉，小船慢慢地荡到河中心。

他猛然从苦思冥想中惊醒过来，他发现：两只脚只要不停地晃荡、捣动、拍击河水，也能把船划动的。

世界上第一艘用机器推动的船——"克莱蒙特"号汽船

于是，一连串的奇想涌上富尔敦的心头：为什么两只脚不停地晃动能使船前进呢？有没有机器来代替两只脚呢？

回到家，富尔敦就用铅笔在纸上涂抹。画着，画着，他突然高兴地跳起来：如果在船上装一个风车似的桨叶在轮子上不断地转动，拍击河水，这岂不是跟双脚捣动一样，可使船前进吗？他很快将船和桨叶、轮子画好了。

可是，怎样才能使画上的桨叶轮变成现实的桨叶轮呢？富尔敦感觉到自己的知识不够用。从此，他刻苦地学习功课，还深入地钻研有关造船的专门知识。

终于在1807年，富尔敦制造了世界上第一艘用机器推动的船——轮船。

生物电的启示

一天，在英国皇家学会的大厅里，意大利解剖学家伽法尼正在做关于"动物电"学说的演讲。他在演讲中告诉人们：

1780年，他在做青蛙解剖实验，当他的解剖刀碰到青蛙腿的神经时，蛙腿竟然发生痉挛。这是怎么回事呢？他注意到，在解剖桌的旁边，发电机正在工作，放出火花，发出"噼

"噼啪啪"的声音。

"雷电会不会引起这种现象呢？"伽法尼决定做进一步的探讨。他用铜钩将蛙腿挂在花园的铁栅上。结果他发现每当雷雨天气时，蛙腿便会发生抽搐。

"动物身上会不会有电呢？"伽法尼想。

1786年9月20日，伽法尼做了一个实验：用铜钩勾住蛙腿，将它平放在玻璃板上，然后用一根细长的弯铁杆，一端接触铜钩，另一端碰蛙腿。他果然发现蛙腿会颤动。他用一根玻璃弯杆代替弯铁杆，却见不到这种现象。

于是，伽法尼断定：生物体内存在着电，即"生物电"……

伽法尼的演讲，博得众多科学家的阵阵掌声。只有坐在前排的一位中年人，脸上露出"不敢苟同"的神色。他，就是意大利帕维亚大学的教授亚历山大·伏达教授，伽法尼的老乡。两年前，他被选为英国皇家学会会员。因此，他有资格参加这次伽法尼的演讲会。

回到帕维亚大学后，伏达决心通过实验，揭开伽法尼青蛙实验的奥秘。

他一次次地重复做了伽法尼的实验，结果征实伽法尼所说的现象确实存在。但他总觉得伽法尼的论点不太正确，可又找不到反对的实验证据。因此，他感到十分困惑。

为了开阔视野，重新寻找一条探索的思路，伏达一头钻进了图书馆。他潜心翻阅各种图书，希望能获得意外的收获。

一天，他像往常一样来到图书馆，管理员根据他的取书目录，搬来了一大叠的书。伏达像淘金者一样，翻阅着一本本书。突然，一本德国科学家的实验报告汇编引起了他的注意。他发现这本书记载了一个叫兹路扎的科学家在1750年左右做的一个实验。

伽法尼

伏达

兹路扎在实验报告中说：把两块不同的金属分别夹在舌尖的上下，然后用一根导线连接两块金属板，此时，舌头上会有一种酸的感觉；如果用两块相同的金属片夹在舌尖上下，就没有这种感觉。

"我找到突破口了！"伏达看完这个实验报告，欣喜若狂。回到实验室后，伏达马上找到一块薄锡片和一枚新银币，并用一根导线将它们连接起来。果然，他的舌头出现了麻木的感觉。

"这是触电的感觉，"伏达对他的助手说，"导线中肯定有电在流动。"

伏达决定绕过困扰了他多年的伽法尼青蛙实验，而沿着兹路扎的实验的路子探索下去。他觉得眼前豁然开朗。

伏达发现，不但单独使用锡片或银币在口腔里做这个实验时，没有这种感觉，而且将锡片和银片连接后放在清水中做实验时，也没有任何感觉。"这是什么原因呢？"伏达推测可能是口腔中含稀酸，伽法尼的青蛙实验的观点已不攻自破了。

稀酸实验的成功，给伏达以极大的信心。他决定生产一种能产生和储存电能的装置。

伏达和他的助手用台钳和剪子加工了一块较大的银片和锌片，并用一根导线将它们连接起来，然后在两块金属片中间做一个夹层。接着，又用两根导线连接锌片和银片，作为两极。最后，他把这个装置放入装有稀酸的溶液中。伏达用手触摸导线，感到一阵麻木，手发生强烈的痉挛。

"我触电啦！我们成功啦！"伏达兴奋无比。

然而，新装置给伏达带来的喜悦是短暂的。不久，这个"宝贝"就没有输出电了，伏达按照自己的设计，加工了一批铜片和锌片，制作了一些浸酸液片。然后，他在容器里先放上一块铜片，再放一块浸酸液片，再放一块锌片，再放一块铜片……按这顺序排列，他把几十片金属片叠成了一个圆柱。最后，用导线将所有的铜片和锌片分别连接起来，伏达期待着强大电流的产生。

然而，出乎伏达的意料，这个装置所产生的电能并不很多。并且，金属堆得太高，酸液就会外溢。

于是，伏达又提出新的方案。他把几个装有稀酸的杯子排在一起，然后在每个杯子中装一块锌片和一块铜片，并将前一个杯子中的铜片和后一个杯子里的锌片用导线连接。最后，

两端用导线接着。

伏达用手指捏住两端的导线。他不仅感到手指麻木，而且身上也有这种感觉。这说明新的电源装置产生了相当大的电压。

"我们终于发明了很实用的电源装置。"伏达高兴地说。

"把这'宝贝'叫做'伏达电堆'吧！"伏达的助手们建议。

于是，"伏达电堆"作为人类历史上最早的干电池，传遍世界各地，引起了一场电学的革命。后来，人们把它称为"伏达电池"。

种牛痘防天花

1751年，乔治·华盛顿患了天花，他侥幸未死，但却成了麻子。

1774年，法国国王路易十五患了天花，一命呜呼。

之后，荷兰国王威廉二世、俄国皇帝彼得二世也因患了天花不幸驾崩。

据说，欧洲有一位国王的妻子患了天花，临死时，她要求国王：如果所有的御医都不能挽救她的生命，那么就把他们全部处死。那时，就是最高明的医生也对天花束手无策。皇后终于死了，而那些可怜的御医们都被

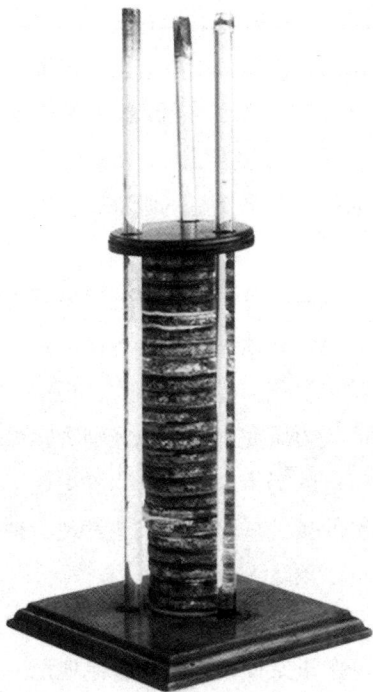
伏达电堆

凶残的国王处死了。

18世纪，由于天花的流行，整个欧洲有1.5亿人死去！

天花，这个可怕的疾病，它几乎是与人类同时出现在这个世界上。

公元前一千多年的埃及木乃伊尸体上，就有天花的痘痕。这一四处肆虐的恶魔，不管你是高贵的和卑贱的人，一旦传染上，都逃不出它的魔掌。

18世纪末，就在人们谈天花而色变的年代里，英国出了一位医生叫爱德华·琴纳，终于攻克了天花，发明了"种牛痘"技术。从此，天花这个恶魔被人类降伏了。

琴纳生于1749年5月17日，他从小学医，13岁就在一个名医手下当学徒。1766年的一天，几位在养牛场工作的挤奶女工到琴纳的诊所看病。交谈中，琴纳得知，这几个女工都奇迹般地避免了几次天花的流行。琴纳立即询问她们原因。

女工说："这是因为我们常用手挤奶，手上常长牛痘。"

"牛痘？什么叫牛痘？"琴纳好奇地问。

女工们轻松地告诉他，奶牛也会生一种痘疮，挤奶人如果皮肤破一点儿，碰上牛的痘疮，就会在手上生出几个牛痘包疮，稍有几天不适就会好

琴纳

了，而且以后再也不会患天花了。

琴纳一听十分惊喜，紧紧地抓住一个女工的手说："谢谢你，谢谢你！"几个女工一听都感到莫名其妙。

之后，琴纳就到各处养牛场去调查，他惊奇地发现，所有挤奶女工都躲过了天花的传染。从此，琴纳以顽强的毅力研究牛痘。他仔细观察那些有痘疮的奶牛，并在动物身上做了无数次的接种试验，结果他发现，种牛痘可以预防天花。

1796年5月17日，47岁的琴纳要做一个决定性的人体试验。他把一个叫莫普士的8岁男孩带进诊室，又请来一个手上长着痘疮的挤奶女工。他

先用小刀片把小男孩的胳膊划破一点口，然后把女工手上的痘疮脓液取出一点，滴到男孩的皮肤小口上。操作十分简单，几分钟就完了，可是琴纳的心却悬了起来。

琴纳仔细观察小男孩，两天之内，这孩子有些轻度发烧，不想吃东西。三五天后，这孩子奇迹般地退了烧，完全恢复了正常，琴纳松了一口气。

两个月后，琴纳又作了一次更加严峻的试验。他从一个患严重天花病的人身上取来一点儿疮脓液，接种到莫普士身上。琴纳这回更是提心吊胆地观察着。一天，两天，一个星期过去了，又一个星期过去了。莫普士安然无恙，照常吃喝玩耍，实验终于成功了。

1788年，琴纳发表了他的《接种牛痘的原因和效果的调查》一文，从而向全世界宣布：人类终于找到了战胜天花的法宝。

相隔16年的发明

盛夏的7月，骄阳似火。在麦浪翻滚的田野里，总可以看到一群又一群的农民，头顶烈日、挥汗如雨，收割着成熟的麦子。

当我们每每看到这种情景，人们就会突发奇想：要是能发明一台机器，代替农民手中简陋的镰刀，能够风卷残云般地收割庄稼，将农民从繁重单调的劳动中解放出来，那该有多好啊！

现在好了，那些"突突突突"地奔驰在田野上的收割机，将人们的梦想变成现实，给农民们捎来收获季节欢快的福音。

收割机的发明者是美国弗吉尼亚州的农民麦考米克父子。

其实，在麦考米克父子发明收割机之前，就曾出现过"收割机"的雏形。

早在1808年，有位名叫萨尔的英国人发明了一种"收割机"。这种"收割机"实际上并不是机械，它不过是在长约60厘米的木棒上安装上一排刀刃工具，仍然要用手操作，它的结构犹如几把镰刀同时握在手中一样。

1826年，有个叫贝尔的英国人，他模仿剪刀的原理，制造出一种用马牵引的"收割机"。这种收割机跨入了"机械"的大门，但它实际上只能割而不能收庄稼。因此，贝尔的这种机械应该称为"割机"而不算"收割机"。

麦考米克父子是弗吉尼亚的农

民，他们拥有自己的农场。父亲罗伯特·麦考米克在经营农场的过程中，开了个专门修理农具的小店铺。农场里有许多从事农业劳动的黑人，每到收获季节，这些黑人使用的收割工具常常磨损得厉害，因而农具修理成了农场上新的行当。

在父亲的影响下，机灵活泼的儿子赛勒斯·麦考米克自幼和这些农具相伴，他常常动手和父亲一道修理破损的农具。

有一天，看着眼前一大堆亟待修理的农具，又想到农场里干活的一大群黑人，老麦考米克心念一动：要是有一种机器能既快又省力地收割麦子，那该多好啊！渐渐地，这个念头越来越清晰，并深深地在他心里扎下了根。他开始思索如何设计制作这种从来没有过的机械。看到父亲不再像平常那样急着修理农具，而是整天摆弄那些不知名的机械，小麦考米克好奇心大发，他禁不住问父亲："爸爸，您为什么一直摆弄这些玩意儿？"

"噢，孩子，我想设计一种能快速省力地收割麦子的机械——对，就叫收割机。我想制造收割机。"

可爱的小麦考米克一听乐了，热切地说："爸爸，我能帮您的忙吗？我一定可以的，对吗？"于是，年仅

现代收割机

10岁的小麦考米克参与了父亲的发明计划。父子携手开始试制收割机。1816年，他们终于制成了第一台收割机。兴奋之余，他们忐忑不安地把这台收割机带到麦地里试验。令人遗憾和失望的是，效果并不理想。在一片讽刺挖苦声中，麦考米克父子失败了。

16年后，小麦考米克长大成人，他越发聪明成熟了。他始终没有忘记儿时那个未曾实现的梦想，在心里默默立誓一定要研制出真正的收割机。

功夫不负有心人。麦考米克父子又一次携手合作，他们吸收了上次失败的经验教训，悉心揣摩人的割麦动作，并参考贝尔的收割机加以改进，终于在1832年又试制出一台新型的收割机。

这台收割机需要一个人在前面赶着马，另一个人在后面操纵机器。它不仅能自动割麦子，而且能把割下的麦子自动抛向后方。跟随在收割机后面的农夫，只要从台下卸下麦子即可运回家中。

实际操作表演那天，围得水泄不通的人们大为惊叹——这部看似不起眼的机器，它收割麦子的效率竟然是人工的6倍！

后来，麦考米克父子给自己的发明申请专利，他们创办的收割机厂生意越来越红火，后来成了世界上首屈一指的农业机械公司。

"新鲜玩意儿"引发的奇迹

1832年秋天，美国人莫尔斯到法国去旅行。在他从法国返回到美国的途中，客轮发生了事故。

轮船在海上要航行好多天，海上的生活非常枯燥乏味，旅客们常坐在一起，借闲聊打发时光，餐厅也就常常成了人们聚会的地方。

这一天用完餐之后，人们聊天的聊天，打牌的打牌，莫尔斯津津有味地在听一个名叫杰克逊的人讲他的欧洲之行。杰克逊到巴黎参加过一个电学讨论会，为了与大家共同消磨时光，他从包里取出一件新鲜的玩意儿，摆弄给大家看。只见杰克逊把几只铁钉放在桌上，然后取出一只绕在绝缘铜丝上的马蹄形铁块。当他把铜丝接通电池时，桌上的铁钉竟然像着了魔似地全被吸到了铁块上。杰克逊把电断开，铁钉都掉了下来，再通电，铁钉又被吸住了……

在当时，船上所有的旅客，只是把它当做一件"新鲜的玩意儿"，谁也没有去想，这"玩意儿"还能创造人类的奇迹。莫尔斯的内心却被震动了，回到船舱之后，他反复地回想着杰克逊的小实验，想着他有关电学的种种话题。这一夜莫尔斯失眠了，好奇心已开始转化，转化为一种带有责任感的思考了。他想到自己在法国见到的信号中转站，"如果把电流用于信号传递，一定大有用武之地。"

回到纽约后，一直从事美术工作的莫尔斯改行了，开始研究起电信号传递来。一切都要从头学起，困难一个个向他袭来，但他没有回头。莫尔斯勤奋地学习起有关电学的知识，一边搞起实验来。那时候，电学是刚出现的学科，一切都不完备，到处都找不到需要的实验材料，哪怕是现在看来很简单的电器小零件。莫尔斯一边做实验，一边还得动手作各种需要的零件。整整四年，他把自己的全部精力都投入到实验中去了。

这一天，莫尔斯的心情非常激动。从华盛顿市到巴尔的摩市之间的电报线完工了，他将在美国国会大厦最高法院的议会大厅里向各界来宾展示他发明的电报机。他将在这里把电文传到64千米外的巴尔的摩市。

实验成功了。"滴滴，滴滴，滴嗒——"莫尔斯用自己发明的电码

1838年1月8日，莫尔斯展示了一种使用点和划的电报码（即摩尔斯电码前身）。

(现称莫尔斯电码)发出了人类有史以来的第一份有线长途电报,这份电报只有一句话:"上帝创造了何等的奇迹。"这句话是从《圣经》中选出来的。但真正的上帝正是具有非凡创造力的人类。

园艺师发明钢筋混凝土

钢筋混凝土是当今最主要的建筑材料之一,但它的发明者既不是工程师,也不是建筑材料专家,而是法国一位名叫莫尼埃的园艺师。

莫尼埃有着一个很大的花园,花园里一年四季开着美丽的鲜花,常常游人如织。莫尼埃感到非常高兴,因为他的一盆盆杰作都受到了游人的赞扬。

1865年春,美丽的莫尼埃花园迎来了一批批游客。可是有一天,莫尼埃发现花坛被踏碎了,花草下面疏松的土也被踩得板结。于是,他不得不挂出"请勿踏花坛"的牌子。

可这样的事还是常常发生,因为当时的水泥制品又硬又脆,容易断裂,用水泥制作的花坛自然也难逃厄运。怎么办呢?

有什么办法可使人们既能踏上花坛,又踩不碎它呢?

有一天,莫尼埃将花移栽时,不小心打破了一盆花,他发现花盆摔成了碎片,可花根四周的土却紧紧地包成一团。原来,花木的根系纵横交错,把松软的泥土牢牢地连在了一起。

他从这件事中得到启发:泥土极易摔碎,但被花根盘结在一起,就不容易摔碎了。那么,假如制作水泥花坛时,放一些花根在中间,不就可以了吗?但花根和水泥在一起太不合适。于是,他将铁丝仿照花木的根系编成网状,然后和水泥、砂石一起搅拌,做成花坛,果然十分牢固。后来,许多专家对莫尼埃的发明又进行改进,于是,现代钢筋混凝土就这样诞生了。

飞向天空

莱特一家人住在美国俄亥俄州迪顿市郊。父亲密尔顿·莱特年轻时就读于神学院,后来担任牧师,娶了德籍女子苏珊·凯塞琳·果纳为妻。1867年4月16日,老三韦伯出生。1871年8月19日,四弟奥维尔出生。

韦伯和奥维尔弟兄俩都爱好机械,从小就喜欢拆拆弄弄,他们对时钟、磅秤等这些东西最感兴趣。他们常取出珍藏在"百宝箱"中的弯铁钉、断发条、锈刀片和一段段的铁丝玩耍，让它们散满屋子，叫人无从下脚。

春天，郊外绿草如茵，和风拂面，迪顿镇的居民都喜欢玩风筝，尤其是孩子们的兴趣更浓，彼此比赛，看谁的风筝飞得高。这已经成了当地的一种习俗。韦伯做的风筝既别致，又飞得特别高，人人都很羡慕。

一天，兄弟俩放完风筝，躺在像地毯似的绿草地上休息，仰望着天空中时而振翅高飞、时而舒展滑翔的老鹰，韦伯对一旁的弟弟说："假如人身上装一对翅膀，也能像鸟一样在天空中自由地飞来飞去，那该多好！"

升任主教的父亲一年到头在外传教，很少回家。一次，他给两兄弟带回一件礼物。这是一只纸扎的蝴蝶。父亲用左手把着纸蝴蝶的腹部，右手绞紧藏在腹部的橡皮盘。父亲手一松，纸蝴蝶就飞了起来。

兄弟俩看得目瞪口呆。一向喜欢动脑筋的奥维尔在心里想：小小的纸蝴蝶飞不高，只能飞几尺远，如果把它放大了，是不是会飞得更高更远呢？他把想做一只体积较大又有一定重量的会飞的"鸟儿"的想法告诉了韦伯。

每天放学后，小哥俩帮妈妈做完事，他们就埋头制作"大鸟"。

莱特兄弟

几天后，缚有橡皮筋的"大鸟"终于完成。可它刚飞起来。就被树枝钩破了。这使得兄弟俩非常沮丧。

高中毕业后，兄弟俩在闹市区租下一间店面，挂上"莱特兄弟自行车行"的招牌，正式经营他们拿手的事业了。

平时只要打理完车行工作，哪怕电闪雷鸣刮风下雨，兄弟俩都会跑到郊外去放风筝。这让周围的人觉得很奇怪。其实，他们是在观察各种天气下的风力和气流。

他们还反复阅读动物学著作，了解鸟类的骨骼组织及振翅起飞的动作，常常到外观察鸟的飞行。有一次，一群大雁从头顶上飞过，他们不顾一切地冲出屋观看，使得店里的顾客大吃一惊，以为什么地方发生了火灾。

就在莱特兄弟研究飞机的几十年前，先后有几位英国人发明了滑翔机和飞艇，但他们的飞行都失败了。

莱特兄弟并未因别人的失败而气馁。他们精心设计了一种箱形风筝。"箱子"的两侧系着4根绳子，风筝上采用了某些自行车零件。设计这种奇怪风筝的目的，是为了弄明白浮在空中的物体如何才能稳定地飞行和自由改变方向。

韦伯写信给华盛顿史密斯尼安研究所的蓝格勒教授请求帮助。蓝格勒是美国著名的科学家，也热衷于飞行器的研究。他非常热心地给莱特兄弟寄来许多这方面的文献和书籍。

1900年，经过几个月的忙碌，莱特兄弟用木头、布料制成一架滑翔机，经过长途跋涉，来到大西洋沿岸的吉迪赫克，这个荒凉的小渔村外有一望无垠的沙滩和适合起飞的小山丘，常年吹着强劲的海风，是个理想的试飞点。

头两天风太小，试飞没成功。第三天，风速达到每秒8米，韦伯再度爬上机身，俯伏在下层机翼上，奥维尔拉着绳索往前跑。机翼轻飘飘地浮起来了。韦伯小心地操纵着，只见机身离地2.5米向前滑行，沙滩急速往后退去。

这次试飞虽然只滑翔了30米，但毕竟能够飞行了。第一次成功鼓舞了莱特兄弟。他们回到迪顿镇后，立即模仿鸟的翅膀，做成各种曲面的机翼，在自己设计的风洞中做试验，测定机翼上产生的阻力和浮力。

1901年春，韦伯和奥维尔制造了2号滑翔机。这不是对前人的模仿，而是基于自己实验产生的新飞机。新飞机更大，机前有升降舵，机后装有方向舵。这些装置可以使机身保持平稳，并能变换飞行方向。这次试飞的效果比第一次又强了许多。

接着，3号、4号滑翔机在兄弟俩手下依次诞生。试验效果一次比一次好。

滑翔机再好，不借助风力就不能飞行。两兄弟的脑海里一直在想这个问题，最后他们决定用汽油作飞机的动力引擎。他们把自行车改为飞机制造厂，继续他们的研制。

他们根据精确的计算，制造了一架机翼长12米的新飞机，又将两支螺旋桨分别装在发动机的左右两侧，用齿轮和链条将动力从发动机传递到螺旋桨。他们还设计了一架速度计和计时表，安装在飞机上。他们把这架可

莱特兄弟的第一架飞机试飞成功

能会创造奇迹的新飞机命名为"飞行家1号"。

　　他们带着"飞行家1号"再次来到吉迪赫克。1903年12月17日，飞机停在沙滩上事先铺设好的木轨上，木轨外包着铁皮，是供飞机滑行的。奥维尔迫不及待地登上飞机，俯伏在下层机翼的中央，手握升降器的操纵杆，心脏不住地狂跳。引擎发动，螺旋桨开始旋转，机身缓缓地向前滑行，它迎着强劲的海风，冉冉升空。飞机向前飞行了260米，在空中逗留了59秒，平平稳稳地着陆了。划时代

的59秒！韦伯兴奋地奔过去，握住了弟弟的手。

　　1908年6月，兄弟俩来到法国作公开飞行表演。这一次创造了一次飞行时间达2小时20分23秒、飞行距离达117.5千米的纪录。表演获得了空前的成功。人类实现了千年的飞向天空的梦想。

　　1909年11月，"莱特飞机公司"在迪顿镇正式成立。莱特兄弟日夜孜孜不倦地埋头研究。他们生产的飞机性能优异，飞得高飞得快，而且安全。英、德、法各国都向莱特公司购

买了制造权。公司的订单源源不断，生意日益兴隆。

脚气病与维生素"B"

在一百多年前，脚气病是一种可怕的顽疾。得了这种病的人全身浮肿，肌肉疼痛，四肢无力，吃不下，睡不着，走路艰难，医生对脚气病没有什么办法。

在当时，日本海军中脚气病患者很多。1882年，日本军舰从东京驶向新西兰，在272天的航海中，有169人患了脚气病，25人死亡。为此，日本军医高木兼宽着手调查，他发现脚气病的发生与吃精白米有关。1884年，又有一艘军舰走这一条航线。高木兼宽改变了船员的食谱，增加了面粉、牛乳和蔬菜等，结果在287天航行中，只有14名船员患脚气病，没有人死亡，由此，高木兼宽找到了一个有效地预防脚气病的办法。

但是，高木兼宽并没有进一步研究脚气病的产生原因。因此，脚气病的病因仍是医学界的一个未解之谜。

几乎在高木兼宽开始研究脚气病的同时，荷兰一位名叫艾克曼的军医也加入了研究脚气病的队伍。

那时，在"荷属东印度"(现在的印度尼西亚)的爪哇岛，爆发了脚气病，每年死于脚气病的人多达数万人。为此，荷兰政府在1886年成立了一个专门研究脚气病的委员会。28岁的艾克曼自靠奋勇，加入了这个委员会。

委员会经过两年的调查、研究，似乎取得了较大的成果：确认脚气病是一种多发性的神经炎；从脚气病病人血液中分离出一种球菌，确认它是引起多发性神经炎的元凶。委员会绝大多数人员班师回国了。可是，艾克曼总觉得对于脚气病还没有彻底弄清楚，比如：它会不会传染？要如何防治？等等，艾克曼决定独自留在巴达维亚(现在的雅加达)，把这些问题弄个水落石出。

1890年，艾克曼发现了一个有趣的现象：鸡群中突然爆发了一种病，许多小鸡精神萎顿，步态不稳，严重的甚至死去。经病理解剖，艾克曼确认这些鸡也得了脚气病。可是，实验室换了一个喂鸡的雇员后，病鸡慢慢地恢复了健康，鸡的脚气病不治而愈了。

"这是什么原因呢？如果脚气病是病菌引起的，为什么并没有进一步传染呢？"艾克曼陷入了沉思之中。

为了证实脚气病是否具有传染性，艾克曼把从鸡胃中取得的食物，

艾克曼

喂给正常的鸡吃。照理说，如果脚气病的病原是细菌的话，那么被喂的鸡一定也会得脚气病，可实验结果并不是如此。显然，脚气病的病原是细菌的说法是站不住脚的。

那又是什么原因引起脚气病的呢？艾克曼百思不得其解。

有一天，他偶然经过实验室附近的一个军医院的病房，听见几个"老病号"在那儿闲聊："那个实验室喂鸡的雇员好久没来了。"

"是啊！白花花的精米饭的剩饭倒掉真可惜。"

"喂鸡？"艾克曼一下子警觉起来，他连忙上前打听这件事的始末。

"老病号"告诉艾克曼：以前那个雇员每天都要到医院来拣剩的精米饭。艾克曼想，这也许与脚气病还有关。他不想放过任何一条与实验室里的鸡有关的线索。

艾克曼找到原来的那个雇员，询问他原来喂鸡的食物是什么。那个雇员以为自己克扣实验室里的鸡粮，用医院病号吃剩下的精白饭喂鸡的事已暴露，只好低头承认。

接着，艾克曼又找到新雇员，老实的新雇员告诉他："我都是用实验室里发的饲料喂鸡。"

"莫非鸡的脚气病与饲料有关？"艾克曼决定就这个问题做深入研究。

他将小鸡分成两组，一组饲喂精白米饭，另一组饲喂糙米。三四个星期后，艾克曼发现，喂精白米饭的鸡，都得了脚气病，而喂糙米的却安然无恙。艾克曼立刻给得了脚气病的小鸡，改换喂糙米。经过一段时间，小鸡恢复了健康。

实验成功了，艾克曼立刻想到了人。他让患有脚气病的人吃糙米、喝米糠水。没有多久，病人很快就康复了。

经过这一番的研究，艾克曼断定糙米的米皮里含有一种物质，这种物质可以防治脚气病。可是，这种物质是什么东西呢？艾克曼着手进行这种物质的提取工作，但是，都以失败告败。

1911年，波兰生化学家芬克在艾克曼实验的基础上，采取了一种独特的提取方法，从米糠中成功地提取到一种晶体物质。

这种物质含氮，为碱性，属于胺类。因此，芬克把它称为"生命胺"。这就是艾克曼所说的可以防治脚气病的物质，现在我们称它为维生素"B"。后来，科学家还发现了许多种维生素。

1929年，艾克曼获得诺贝尔生理学或医学奖。

铝+铜+镁=铝合金

在第一次世界大战期间的一天，天空格外的晴朗，在法国前线，军官们趁着休战的空隙，在草地上晒太阳。

忽然，一位士兵喊道："哎，大家看，那是什么？"

大家朝那位士兵所指的方向望去，果然发现在高空中，飘着一个像大肚子的鱼一样的东西。它在缓慢地移动着。

"那是什么东西？"一位军官问道。

"它是飞艇，是德国人的飞艇！"一位对各种武器颇有研究的技师答道。

于是，军官立即命令全体人员隐蔽。正当大家往战壕跑去时，只见飞艇借着风势，飞到阵地上空，并从空中扔下一个又一个的炸弹。顿时，阵地上爆炸声四起，尘土飞场。

军官命令炮兵向飞艇开火。在猛烈的火攻击下，飞艇被击中了，直往下落。

"这飞艇是用什么制作的，这么厉害，要好好研究。"军官对技师说。

技师便将飞艇残骸收集起来，寄往法国的军事研究部门。终专家研究，这一飞艇制作原料除铝之外，还采用了德国科学家维尔姆刚发明的铝合金。

原来，早在此前10年，德国军队就意识到，钢铁用于制作武器虽然坚固，但是太沉重了，不利于搬运或携带，必须寻找一种比钢轻但却跟钢铁一样坚固的材料替代它。他们将这一任务交给科学家维尔姆。

维尔姆想，选择铝是最适合的。因为电解炼铝法应用于生产后，铝的产量很高，况且铝不会生锈。可是，铝有一个致命的弱点：它太软了，不

齐柏林飞艇

够坚固。

如何让铝硬起来呢？维尔姆想到：合金钢那么硬，能不能像炼合金钢那样炼一种铝合金呢？

维尔姆仿佛看到了一条通向胜利的路。他信心十足地投入了试验工作。

他将一种又一种的金属掺入铝中，可一次又一次地失败了。

一天，维尔姆在铝中添加少量的铜和镁。他像往常一样，用锤子敲打新材料。"当"的一声，锤子反弹起来，可新材料上没有一点凹陷的痕迹。

"会不会是我累得没力气了

呢？"维尔姆再一次举起锤子，用尽吃奶的力气往新材料上敲，在听到巨大响声的同时，他觉得整个手臂被震得发麻。维尔姆精神为之一振，顾不得手臂疼痛，连忙拾起新材料。它，依然完好无损。

坚硬的铝终于诞生了！维尔姆对新材料——铝合金的强度做估测，证实它的强度比铝高3~5倍。可是，用它制造武器还是不行。

"可不可以再提高它的强度呢？"维尔姆立即想到了淬火，因为淬火可以提高钢铁的硬度。

维尔姆将铝合金放在炭火中烧。熊熊的火焰将铝合金烧得通红。他将铝合金夹出，很快地浸入水中。顿时，在"咝咝咝"的响声中，烟雾弥漫。接着，维尔姆对淬火后的铝合金的强度进行估测。果然，铝合金的强度又提高了许多。

为了以后实验的开展，维尔姆暂时放下手头的淬火工作，又进行含铜和镁的铝合金的炼制工作。

待炼得一定数量铝合金后，为慎重起见，维尔姆对原先淬火过的铝合金的强度又进行估测。他惊奇地发现，铝合金的强度又提高了1倍。两次测定的结果为什么相差甚远？难道是测量仪器坏了吗？

维尔姆对测量仪器仔细地检查一遍，没有发现什么异常现象。维尔姆想：是不是时间老人在捣鬼呢？

经过试验，证实了他的推测：这种铝合金在放置一段时间后，它的强度会逐渐提高。由此，维尔姆也找到了一种最佳热处理方法。

这种含少量铜和镁的铝合金，经过淬火，成了比钢铁轻但却与钢铁一样坚固的材料。

不久，铝合金便被用于制造飞艇、飞机。直至今天，铝合金仍是制造飞机的主要原料。

来自游戏的发明

1842年，英国物理学家贝思提出一个设想，即通过电路传送图像、文字等。为此，贝思做了各种实验，可由于各种条件的限制，他的实验并没有取得成果，他的设想也成了空中楼阁。此后的40年里，传真通信技术并没有得到什么重大发展。直到1883年，在大学就读的保尔·尼泼科夫受一种游戏的启发，才在这方面取得突破性的进展。

尼泼科夫格外喜欢通信技术。在学好学校课程的前提下，他几乎把所有时间都花在阅读有关的电学知识上。他崇拜莫尔斯、贝尔等发明家。在他看来，电报、电话简直太神奇了。他想：电报能传送人的意图，电话可传送人的声音，可不可以发明一种传送图像的装置呢？

一天，课余时间，尼泼科夫在教室里尝试设计一种传真装置。忽然，他看见左右邻桌的两位同学正在做一种游戏：他们桌上各放着一张大小相同的纸，纸上画满大小相同的小方格；在尼泼科夫右侧的同学在纸上写了一个字，然后按照一定的顺序告诉对方哪一个小格是黑的，哪一个小格是白的；对方按照右侧同学发出的指令，或用笔将小方格涂黑，或让它空着。这样，待对方同学将全部小方格都按指令处理后，纸上便出现了与右侧同学写的相同的字。

尼泼科夫看着看着，不禁喊道："真是一个好办法！"

"任何图像都是由许许多多的黑点组成的。如果把要传送的图像分解成许多细小的点，借助一定的科学方式把这些点变成电信号，并传送出来，那么接收的地方只要把电信号再转化为点，并把点留在纸上，不就实现了图像的传真了吗？"

尼泼科夫决定实施这一方案。

首先，必须将图像分解成许多的点。尼泼科夫想起儿时玩耍过的风车。受此启发，他研制出了一个扫描装置：在图像前紧挨着放置一个可转动的螺旋穿孔圆盘，在圆盘前面安装有一个电灯。这样，当光穿过不断运动的孔时，受图像明暗的影响，光有时候亮，有时候暗。接着，要把变化的光信号变成变化的电信号。这个"任务"由光电管承担是再合适不过的了。因为光电管能根据光的亮度产生相应的电流。

发送装置就这样大功告成了。接收装置只要像电报机电码的复原一样，采用与发送相反的方式就行了。

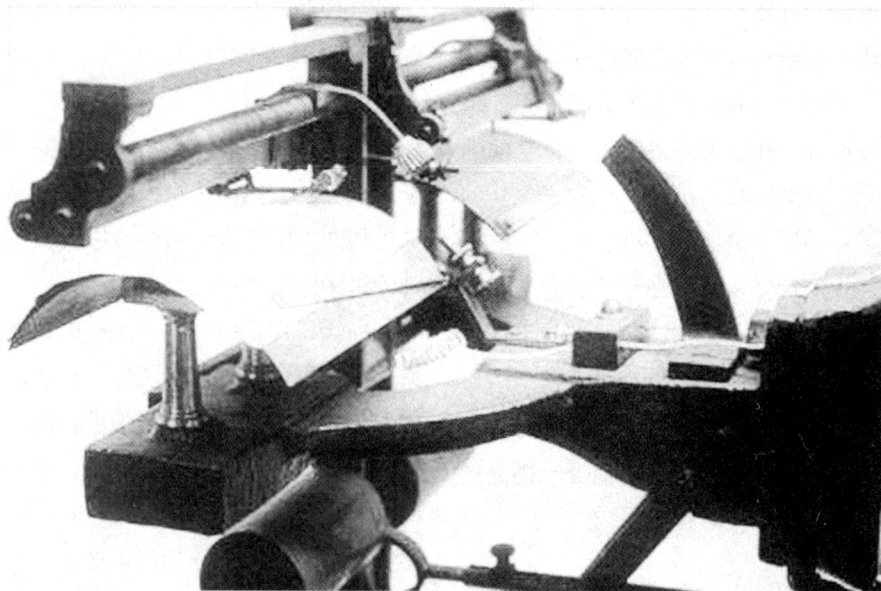

早期的传真机

经过一段时间的制作，尼泼科夫做成了圆盘式传输装置。他申请到了专利。

当然，受当时电子科学技术发展水平的限制，这台加圆盘式传输装置的传真效果还不理想，但它为后来的研究指明了方向。

此后，美国的格雷、英国的考珀也在传真装置的研制上取得卓越的成就。

在汲取许多科学家研制经验的基础上，美国无线电公司于1925年研制出了世界上第一部实用的传真机。

这部传真机由发送机和接收机组成。发送机上安装有一个滚筒，滚筒的前方有一个强光源的灯，灯的前面有一个透镜。此外，在发送机上还有光电管等电子部件。接收机上也安装着滚筒，以及放大电信号、还原光信号的装置等。使用时，将发送的图像卷在滚筒上，灯发出的光被透镜聚集成一点，照射在图像上。受图像上画面明暗的影响，反射出强弱不同的光。这种光再射到光电管上，形成强弱不同的电流，然后将电流传送出去。接收机收到电信号后，经过放大、还原、记录等处理，就形成了文字图像的信息。

响尾蛇与夜视仪

1991年2月24日深夜，大地一片漆黑，以美国为首的多国部队向伊拉克发动了地面进攻。在黑暗中，像一大群甲虫似的多国部队坦克飞也似的向前挺进。

伊拉克的部队也不示弱，他们组成强大的"围堤"，企图阻止多国部队的前进。不料，多国部队对伊拉克的兵力分布了如指掌，在轰隆隆的炮声中，"围堤"被炸毁了，伊拉克军队像潮水般地溃退了。

多国部队的坦克为什么在黑暗中可以行驶呢？多国部队的炮弹为什么可以准确地击中目标呢？

原来，多国部队使用了一种叫做"夜视仪"的仪器。借助于夜视仪，人们在黑暗中可以看清相当远的距离外的目标。

那么，你知道夜视仪是怎么诞生的吗？

第二次世界大战后期，德国已经失去了空中优势。白天，只要德国飞机一出现，便被盟军的炮火击落。德国的舰艇、坦克也遭到盟军致命的打击。希特勒并不甘心失败，幻想挽回败局。他把希望寄托在所剩无几的

夜视仪是美国陆地勇士单兵作战系统不可缺少的重要部分

V-2飞弹上。可要将V-2飞弹运送到前线并不容易，因为在白天运送，很容易被盟军发现，而在晚上运送，坦克又看不见道路。

德国兵器专家别无选择，只好开始研究坦克夜间行驶技术。

经过反复试验，他们证实用红外线探照灯去照射，红外线再反射回来，就可以看到目标。根据这一原理，兵器专家成功研制出了夜视仪。

兵器专家把夜视仪安装在坦克上，坦克仿佛有了一双在黑暗中可洞察一切的眼睛。V-2飞弹被悄悄地运抵前线。不过，飞弹无法挽回法西斯德国注定的失败。

第二次世界大战结束时，人们发现了德国坦克上的夜视仪。于是，许多兵器专家对夜视仪进行研究和改进。由此诞生了各式各样的夜视仪。其中最常见的有主动红外夜视仪、微光夜视仪和被动红外夜视仪三种。

主动红外夜视仪是在德国兵器专家发明的夜视仪的基础上研制出来的。它是由红外探照灯和红外目标接收仪组成的。工作时，先用红外探照灯照射目标。红外线照射到目标后，能被目标反射回来，反射回来的红外线被红外目标接收仪接收，经过一番处理，这个目标的形状就清晰地映在特制的荧光屏幕上。在黑夜里，使用它，可以看清800～1000米以内的人或与人大小相当的物体，还可以看清2000～2200米以内的各种车辆。

主动红外夜视仪工作时发出的红外线容易被对方的红外探测仪发现，导致目标暴露，这是一个致命的缺陷。后来，兵器专家们在这个基础上，又研制出了微光夜视仪。

微光夜视仪不用红外探照灯，不发射红外线。它借助夜空微光(即月光、星光、大气的辉光)的照射，把目标的亮度放大，使人的眼睛能看得清楚。在星光下使用它，可看清1600米以内的物体，在月光下可看清2700米以内的物体。它安全可靠，不容易暴露目标。

但是，微光夜视仪也有不足的地方，在雨天、雾天的夜晚，它的观察效果较差，甚至无法工作。

兵器专家们又进行深入研究，以图超越微光夜视仪。

生物学家的一个研究成果，引起了兵器专家的关注。

生物学家早就注意到一个奇怪的现象：响尾蛇的眼睛退化到几乎什么都看不见的程度了，但它却能敏捷地捕捉住小动物。它靠的是什么本领呢？生物学家经过研究，发现在响尾蛇的眼睛和鼻子之间有一个小颊窝。它对热非常敏感，只要周围的温度变化0.003℃，都能感受出来，而且

它还能测定方向。响尾蛇就是凭借这个对热极为敏感的器官来捕捉小动物的。

兵器专家从这里联想到不管多么黑的夜晚，地面上的所有物体都有一定的温度，不管温度高低，都能向外辐射红外线。各种物体温度高低不同，向外辐射的红外线强弱也不同。把这强弱不同的红外线接收下来，经过技术处理，使接收到的红外线以图像的形式显现出来，这不就可以了吗？

根据这个原理，兵器专家很快发明了被动红外夜视仪。它的探视能力很强。使用它，不仅能把暴露在外面

战斗机飞行员的头盔显示器，可以使飞行员在任何时候都可以快速搜索锁定并攻击目标

的物体看得一清二楚，而且不受自然条件的限制，能透过雾、雨、雪等看到目标，甚至还可以透过稀疏的丛林以及伪装，看到隐藏的坦克、大炮等兵器。它的隐蔽性也很好。

科学的发明创造永远没有止境。可以预计，未来将会有更先进的夜视仪问世。

从打气球开始的革命

1870年8月27日，拿破仑三世对普鲁士宣战，普法战争爆发。到了10月，德国的军队已经把巴黎包围得水泄不通。巴黎与外界中断了一切联系。

巴黎城内的法国政府官员们急得像热锅上的蚂蚁。他们知道，如果无法突破德军的包围，那么巴黎将会被困死。强攻突围，无异是以卵击石。怎么办呢？法国政府官员们商议着，还有没有更好的办法呢？

这时，有人向法国政府建议："可以采用载人气球将人送出包围圈。"

法国政府觉得这个办法不错，就采纳了这个建议，并立即组织人员制造载人气球。

没有多久，载人气球就造出来

了，法国内政部长甘必大坐上载人气球，飞越德军防线的上空，安全地降落在巴黎西南200千米处的城市。甘必大在那儿组织作战部队，并不断派人与巴黎保持联系。

德军很快就发现了"空中漏洞"，他们决心要堵死这个"空中漏洞"，致巴黎于死地。不然，将会前功尽弃。可是，他们没有一种现成的武器可以用于打气球。

德军的首脑们决定立即研制一种专打气球的大炮。

经过兵器专家们的日夜奋战，一门装在四轮车上的37毫米炮诞生了。从这以后，士兵们一看见法国的载人气球，便通过移动车子和调整炮的位置，对准目标"轰"的一声，气球就被打下来了。用这种炮，他们打下了不少气球。因此这种炮被人称为"气球炮"。这种"气球炮"就是后来用于打飞机的高射炮的雏形。

19世纪末，用蒸汽机作动力的飞艇升上天空，紧接着，飞机也升上了天空。精明的德国人意识到，今后的陆地作战，天空中的飞行器可能扮演重要角色。于是，在1906年初，德国国防部下令研制专门对付飞艇和飞机的大炮。

德国的爱哈尔特公司接受了这项任务。公司立即组织专家进行研制。

www.secwar.net

"二战"中德军88mm高射炮

专家们根据飞艇和飞机的飞行特点，对原来的气球炮做了改进。就在这一年，专家们造出了一门能打飞艇、飞机的专用大炮。这门炮的口径为50毫米，炮管长为1.5米。炮装在汽车上，带有防护装甲。它可以发射榴弹和榴霰弹。

它就是世界上第一门真正的高射炮。

此后，随着空中飞行器的发展，人们对高射炮日益重视，加上兵器研制水平的提高，使高射炮的性能也不断完善。

1908年，德国的克虏伯公司研制

出一门高射炮。它的大炮装在门式炮架上，在跟踪、瞄准空中目标上，也做了改进，还用了控制手轮来调整。

1914年，德国又研制出一门77毫米牵引式高射炮。它有简单的炮盘，装在4个轮子的炮架上，便于阵地转移和操作。行军时，炮盘可以折叠收起，炮管平时躺在后车轮的支架上，炮身不高，可以用马或车辆牵引，作战时，打开炮盘，支起炮身，就可以进行对空射击了。

从1914年直至50年代，高射炮发展迅速，它的口径逐步增大，炮管逐步加长，有了专门的瞄准设备，有效地提高了火炮的射程和射击精度。

20世纪50年代，电子科学在军事上得到广泛应用，防空导弹出现了，高射炮自然遭到冷落。人们认为，高射炮完成了它的历史使命，将永远退出历史的舞台。

可是，天有不测风云，为了避开导弹，飞机采用低空攻击。导弹对此无能为力了。这时，专家们又想起了屡立战功的高射炮。他们将高射炮从废品库里取出来，扫去蒙在它上面的厚厚尘土，并针对低空攻击飞机的飞行特点，又进行研究……

德国兵器专家给高射炮装上火控系统、炮瞄系统，并安装了四管、八管炮管。它可连续发射，由一名射手操纵。

这样，小高射炮就诞生了。

如今，高射炮成了一个"人口众多"的"庞大家族"。高射炮家族每一个"成员"的增加，都意味着人类制造兵器水平又向前迈进了一步，都凝聚着兵器专家的智慧和心血。

梦中画星图

自从古希腊时代以来，数学领域的发展逐步形成两大分支：一支是几何，它研究的对象是图形及其变换，比如点、线、面、体等；另一支是代数，它研究的是数字，特别是代表数字的字母之间的运算，诸如实数、虚数、指数、对数、方程等。但是，如何将几何和代数有机地联系起来、融会贯通，从来就没有人想过，也没有人试过。这种情形一直延续到笛卡尔生活的17世纪。

1596年3月的一天，笛卡尔降生在法国土伦省的一个贵族家中。他刚刚坠地，母亲就一病不起，溘然长逝。这位孱弱的婴儿也几乎夭折，幸亏有一位保姆悉心照料，这位未来的科学巨星才不至于过早殒落。为此，他父亲给他取名叫雷涅·笛卡尔。"雷涅"的法文意思是"重生"。

从小体弱多病的笛卡尔，却长着一个聪明伶俐的脑袋，加上他的勤奋刻苦，他顺利地完成了大学学业，接受了极好的教育。后来，为了锻炼体魄，也为了更好地去读"世界这本大书"，20出头的笛卡尔投身军营，成了部队里的一名文官。

军旅生涯让他长了见识，锻炼了意志，为今后从事艰苦的科学研究工作奠定了基础。

笛卡尔身在军营，心向科学。他一刻也没有离开过他酷爱的数学钻研。有一次，他在街头漫步，偶尔看见一张悬赏征答数学难题的启事，

笛卡尔

上面写着：解出本题者将获得"本城最优秀数学家"称号，上面的署名是"荷兰多特学院院长毕克曼"。笛卡尔将启事看了两遍，回到军营后就埋头算了起来。两天之后，他来到多特学院，向毕克曼交了答卷。经过评审，笛卡尔的解答获得了第一名。初露锋芒的笛卡尔赢得了毕克曼院长的赏识，几次接触之后，这两位志同道合的科学同行结成了莫逆之交。

俗话说：日有所思，夜有所梦。有意思的是，笛卡尔发明坐标系，也与他甜美的梦境联系在一起。

那是1620年深秋的一个夜晚，年轻士兵笛卡尔正躺在军用帐篷里。一缕月光透过帐篷的缝隙照射在床上，让笛卡尔想起天上的繁星，怎么给这天上的每一颗星星确定位置，这是笛卡尔日思夜想而不得其解的问题。

今晚，他的思绪特别活跃。最好有一张星星的位置图，可是天上的星星那么多，而且星空也不断地变化，怎么可能画好呢？即使画出来了，要寻找某一颗星星时，还得拿出整张图来，多么不方便！要是能用几个简单的数字来表示就好了……

笛卡尔渐渐地进入梦乡。

突然，一阵哨声响起，帐篷外传来了教官的脚步声，是教官来查营了。笛卡尔赶紧起身，敬礼道："您好，长官！"

教官回过礼后，将笛卡尔拉出了帐篷，说："你不是整天想要用数字来表示天上星星的位置吗？"

"是的，长官！"笛卡尔一听这话，就来劲了，"可是，怎么办呢？"

只见教官从身后抽出两支箭，将箭搭成一个"十"字架，并将这"十"字高举过头，对笛卡尔说："你看，假设我们把天空看成一个平面，这个'十'字架将平面分成四部分。再假定这两支箭能朝4个方向射得无限远，那么，无论天上有多少星星，每一颗星只要向这两支箭上分别引出两条垂直线，就可以得到两个数字，这样，这颗星的位置不就能轻而易举地确定了吗？"

"对！"笛卡尔恍然大悟，兴奋不已，忘记了官兵之间的区别，猛地抱住了长官。

突然，笛卡尔睁开眼睛，发现自己把军用毛毯紧紧地搂在怀里面，根本就没有什么教官！原来是一场梦。笛卡尔忙用力捏了一下自己的大腿，还真痛！刚才真的是梦境。

不过，这个奇特的梦却启示了他。醒来后，笛卡尔及时整理了自己的思路，最后，坐标系在他的脑海里形成了。

后来，天才的笛卡尔发现，几何和代数就像数学这条河流的两岸，这两岸间应当有一座坚固的桥梁，将两者连成一体。这座"桥梁"，就是他所独创的坐标系。坐标系的出现，导致了用代数方法解决几何问题的一门新兴学科——解析几何学的诞生，并极大地推动了数学的发展，从而推动了航海学、天文学、物理学等其他科学的进步。从此，这些学科的研究对象从常量发展到变量，以往用传统的孤立、静止的数学方法不能解决的难题，在解析几何的利器下迎刃而解。笛卡尔也因为他在数学上的卓越贡献而载入科学史册。

动物武器

公元前280年，古希腊人曾经使用大象，打败了古罗马人。那是在列阿城一带的会战中，实力强大的罗马人步步紧逼，希腊人抵挡不住对方的攻势，连连败退，眼看就要彻底失败了。

这时，智勇双全的埃培洛斯国的国王皮洛斯前来增援，他带着20头大象冲入罗马人的阵地。这些庞然大物在罗马人阵地上横冲直撞，罗马人有的被踩死，有的被大象抛向天空……罗马人吓得魂飞魄散，死伤无数。大象使希腊人化险为夷，转败为胜。

公元前279年，我国战国时齐国的名将田单，曾经巧妙地用牛做武器，打败燕国的军队。当时，齐国的即墨城已经被燕国的军队围困了近半年。城中的粮食十分短缺，士兵们疲惫不堪，情况十分危急。这时，田单想出了一个妙计。

他命令老百姓将家里的牛牵来。老百姓们牵来了1000多头健壮的大牛集中在一个广场上。然后，他们给牛披上画着五颜六色的外衣，把牛打扮得十分怪诞，最后，他们在每头牛角上，牢牢地绑上两把锋利的尖刀，在牛尾巴上捆上一束浸透着油脂的芦苇。

一个夜深人静的夜晚，田单命令士兵们点燃牛尾巴上的芦苇，并将牛放出城外。在牛的身后，跟随着1000多名精兵。

牛尾巴一着火，烧得钻心疼，这一来牛性大发。嗯啦啦，一群群火牛横冲直撞地向城外燕军营寨冲去。火牛在燕军的营寨中狂奔乱跑，刚从睡梦中醒来的燕军官兵不知所措，毫无抵抗能力，有的被牛踩死，有的被火烧死，有的被刀刺死……田单大获全胜。这两个战役可以算是人类最早大规模使用动物做武器的战役了。在这以后，许多动物都曾奔赴战场，一展它们的身手，立下了赫赫战功。

随着大炮、坦克等武器的出现，体型高大、凶猛威勇的动物渐渐退出了战场。但是，另一类具有某种独特本领的动物开始"粉墨登场"。其中最出色的要数海豚了。关于海豚的"入伍"，还有一个有趣的故事呢。

在第一次世界大战中，德国海军和美国海军在大西洋上展开激战。德军在战斗中使用了新发明的潜水艇，从水下攻击美军的驱逐舰，美军驱逐舰被击沉不少，损失惨重。

看来，驱逐舰上配备的水听器没有起到应有的作用。科学家们经过分析，判定是军舰自身噪音的干扰，使水听器听不见德军潜艇螺旋桨发出的声音，因此无法对潜艇进行跟踪。水听器失职了，那该怎么办呢？美国海军官员焦急万分。他们要求科学家们拿出有效的对策。

美国科学院的罗伯特经过对海豹的研究，发现海豹具有辨别潜艇推进器声音的独特本领。他经过对海豹的精心训练，海豹一听到模型潜艇的螺旋桨声音，便追踪过去，准确无误。

海军将领们对海豹的表现极为满意，将它作为美军的"秘密武器"投入战场，可海豹的战绩让人失望。在战斗中竟没有一艘敌方的潜艇是在海豹的帮助下发现的。原来，它在执行任务的途中，一看到青鱼，就"开小差"，放弃执行任务，而去紧追青鱼。海豹的"敬业精神"太差了，被科学家赶出了战场。那么，还有什么动物有独特本领呢？

后来，科学家发现海豚的本领远远比海豹强。它在混浊的水中洄游，无论白天还是黑夜，都能绕过水下各种各样的障碍物而捕捉鱼饵。它能发出一种超声信号。当这种超声波遇到障碍物时，就会反射回来，传到海豚的大脑里。据此，它能准确判断障碍物的方向和形状，其准确性比当时最先进的仪器还要强得多。

美国海军正在训练海豚

美国海军部门对此极为感兴趣。他们立即兴建大型的循环盐水池、深水池等，对海豚进行培训，使它对某一种障碍物(如潜水艇、水雷、鱼雷等)有独特反应能力。同时，想方设法改变海豚的饮食习惯，直至使它完全失去对鱼饵的兴趣。

经过长期强化训练，海豚不负众望，终于能按主人的旨意完成各种水下任务。

在美国侵略越南的战争中，越南的"蛙人特工队"经常悄悄地钻到美国军舰的船下，将定时炸弹贴在美国军舰上，致使美国海军损失严重。美

军对此毫无办法。最后，想出了一个主意：用经过训练的海豚来保卫军舰。

他们在海豚头部装上一种特制的注射器。海豚一发现蛙人就快速追上去，将针插入蛙人皮肉，子弹就会立即爆炸。有了忠实能干的"活武器"，美军军舰此后便很少遭到蛙人的袭击了。如今，海豚以及其他一些动物，仍在军事部门发挥着特殊的作用。

蝙蝠的启示

在现代科技中，航空、航海、工业和医学等许多领域都离不开超声波。什么叫"超声波"呢？通常人们把人的耳朵能听得见的振动波叫声波。这种声波振动的频率是每秒种振动16～20000次之间。如果一种声音振动每秒超过2万次，人耳就听不见了，这就叫"超声波"。

超声波为科学的发展开辟了广阔的天地。可是，你也许想象不到，超声波的发现历经了十二个春秋；更令人不可思议的是，它的发现是因为受到模样并不可爱的蝙蝠的启示。

发现超声波的是意大利一位名叫斯帕拉捷的科学家，他有一个可爱的小女儿。女儿常常缠着斯帕拉捷，要他讲故事。有一天，斯帕拉捷给女儿讲麻雀和蝙蝠比赛捉虫子的故事：

"虫子是麻雀和蝙蝠的食物，它们都喜欢吃虫子。比赛一开始，麻雀就四处去寻找食物了。可是，蝙蝠却一声不吭地躺在阴暗处憩息。"

女儿忍不住问道："蝙蝠为什么不去寻找食物呢？它不是要和麻雀比赛吗？再不去捉虫子，它会输的！"

斯帕拉捷说："是呀，不过它当然没有忘记在比赛。到了晚上，麻雀得意洋洋地回来了，它看着巢里一大堆食物，心想自己准赢定了。于是，麻雀美美地进入了香甜的梦乡。这时候，蝙蝠出动了，它整整忙乎了一个通宵。到了第二天清晨，麻雀醒来时，发现蝙蝠捉的虫子比自己多得多呢！"

斯帕拉捷说到这，女儿忽然问道："爸爸，蝙蝠为什么要在晚上捉虫子呀？它怎么看得见呢？"女儿提的问题，使斯帕拉捷愣了一下，是啊，蝙蝠在夜里飞行怎么看得见呢？迄今为止，还没有人注意到这个现象，并且作出科学合理的解释。

斯帕拉捷想了想，便对女儿说："也许蝙蝠有一种特殊的功能，能够在晚上自由地飞行吧。"

"它会有什么样的特殊功能呢？"女儿又追问起来。

这一下，可把斯帕拉捷给问倒了。是呀，蝙蝠为什么能在夜里自由地飞翔呢？他也不知道。斯帕拉捷是一个对不清楚的事，非要弄个明白的人，他决心弄清楚这个问题的答案。

炎炎盛夏的一天，斯帕拉捷捉了好几只蝙蝠，用黑布蒙住它们的眼睛。晚上，他把这几只蝙蝠放了，只见它们抖动着双翅，依旧自由自在地飞翔。

蝙蝠依靠超声波发现猎物

斯帕拉捷觉得很奇怪：看来，蝙蝠夜里飞行跟它们的眼睛并没有太大的关系。那么，也许是蝙蝠的鼻子在起作用吧？于是，斯帕拉捷又抓了几只蝙蝠，塞住它们的鼻子，再放出去。结果发现这仍然没有影响它们的飞行。

斯帕拉捷又在几只蝙蝠的翅膀上涂了一层油漆，结果放出去后，并不影响蝙蝠的飞行。

斯帕拉捷摇了摇头，看来蝙蝠夜间飞行跟它们的翅膀也没有关系。现在，就剩下耳朵没有试过了。可是，耳朵怎么会跟夜间飞行有关系呢？斯帕拉捷塞住了蝙蝠的耳朵，然后又把它们放了。

没想到，这次放飞的蝙蝠东碰西撞，根本辨不清方向，也无法辨清周围有没有障碍物，很快就跌落下来。这样，斯帕拉捷终于弄清楚了：原来，蝙蝠是靠听觉来确定方向、捕捉目标的。

后来，在斯帕拉捷研究的基础上，人们的认识又进一步深化了，他们发现：蝙蝠的喉头会发出一种高频率声波，这种声波超出了人的听力范围，就叫"超声波"。超声波沿着直线传播，一旦碰上障碍物就会迅速反射回来。蝙蝠正是用耳朵接收这种返回的超声波，所以能在夜间作出准确的判断，从而轻松自如地飞行在夜空中。

秀发的妙用

在日常生活中，人们能经常见到温度计，而很少见到湿度计。在温度计发明之后，就有人想发明一种湿度计。德国有一位名叫卡拉奇·斯德兰的发明家，就有这种想法。于是，他开始钻研物体在不同湿度条件下的变化情况。他想：只有找到一种对湿度变化敏感的物体，才能制成湿度计。

经过半年时间的观察和研究，斯德兰终于发现了一个规律：绳子在潮湿时比在干燥时更长一些。他把绳子的一端固定在墙壁上，在绳子下端系上重物，在它背后标上一些刻度，就制成了世界上最早的湿度计。

这种绳子湿度计很不精确，误差很大，没有什么实用价值。但是，它却起到了抛砖引玉的作用，使科学家们对湿度计的发明更为关注。

瑞士科学家比斯·索卡尔十分注意湿度计的研究进展情况。因为他是一位地质学家，他长期研究阿尔卑斯山及其冰川的形成。在这一个研究领域，湿度是一个主要的研究项目。自然，湿度计是工作的必备仪器。

索卡尔常想：我能不能试一试，发明更好的湿度计呢？如果有了理想的湿度计，可以大大提高地质研究的效率，还可以保证科学研究成果的正确性。

有了这种想法，索卡尔便开始着手研制。他首先查阅了有关湿度计研究方面的文章，他发现，除了斯德兰用绳子制作湿度计之外，还有人用燕麦芒或羊肠线来制造湿度计。可是，这些湿度计都不理想。

索卡尔觉得要制成理想的湿度计，必须找到理想的材料。于是，他把寻找理想的材料作为主攻方向。他四处收集材料，只要他看到的或想到的，他都要找来。很快，索卡尔的研究室里堆满了各种材料。

接下来，索卡尔就开始做试验，他先在几种材料上洒水，然后测量它们的长度，并做下记录。之后，把它们放在太阳下晒。等它们晒干后，再测量它们的长度。这样，比较一种材料在潮湿时和干燥时的长度差异，就可以看出那种材料对于湿度变化的敏感度。几种材料检测过后，再换上新的材料。

索卡尔夜以继日地工作，可是，令人遗憾的是，他将所有收集到的材料都检测了，仍没有找到合适的材料。由于过度的疲劳，索卡尔脸色苍白，身体瘦了许多，但他顾不得自己的身体，仍然在实验室工作。

索卡尔

1775年的一天，索卡尔的妻子来到实验室看望丈夫。

她看到索卡尔非常心痛地说："亲爱的，你许多天都没有回家了，回去休息几天再干吧！"

索卡尔轻轻地摇摇头说："不行，我要尽快把湿度计搞出来，不然，就会影响我对阿尔卑斯山的勘探计划。"

"不管怎么说，身体还是很重要的，自己多保重。对了，你看你的头发也够长了，该去理一理了。"

"头发？"索卡尔像想起了什么似的，眼睛直盯妻子的秀发。

妻子不解地问道："我的头发怎么了？"

"不，你的头发很漂亮。也许它还能帮我的忙。"索卡尔说着，用剪刀从妻子的头上剪下几根头发。

索卡尔立即对头发的干湿变化进行研究。他惊奇地发现，头发在受潮时伸长，干燥时缩短，这种长度变化可达1／40左右。

索卡尔激动万分，对妻子说："谢谢你，亲爱的。"

就这样，索卡尔发明了毛发湿度计：它的下端由螺丝夹住，上端则夹在一个圆筒上，毛发的伸缩会使圆筒旋转，从而带动一个指针转动。这种毛发湿度计，为索卡尔的地质研究工作立下了汗马功劳。

在毛发湿度计问世后，有人利用某些物质吸湿变宽性质制成"木板湿度计""鲸骨湿度计"等；有人利用某些物质吸湿后重量变化的特性制成"海绵湿度计""岩石湿度计"等。

称地球

17世纪末，英国大科学家牛顿发现了万有引力定律，根据他的公式，只要求出一个万有引力常数，就可以算出地球的重量。遗憾的是，大科学家牛顿设计了几个实验，但都失败了。在无可奈何的情况下，牛顿不得不宣布：想用测量引力来计算地球重量的努力是徒劳的。

从这以后，人们更加相信：地球的重量是无法测知的！连牛顿这样的伟大科学家都没有办法，别人怎么能做到呢？

又过了半个世纪，英国出了个科学家叫卓利·卡文迪许。别看出身豪门贵族的卡文迪许生性孤僻，寡言少语，可他对科学研究却非常执著。

卡文迪许心想：要测出地球的重量，关键在于测出万有引力常数。可是，一般物体之间的引力非常微弱，肉眼难以发现，怎么办呢？

有一天，卡文迪许正在实验室里埋头做实验，有位朋友兴冲冲地跑来告诉他："卡文迪许，告诉你一个好消息！"

卡文迪许漫不经心地说："什么事？等我做完实验再说吧。"他头也不抬地忙着手中的实验。

"这消息对你很有用。"朋友继续说，"你想知道怎样测出力的微小变化吗？"

卡文迪许一怔，这不是自己遇上的最棘手的难题吗？他忙问道："快说说看，你有什么好办法？"

朋友笑着说："我哪有那么大的本事。不过，我听说剑桥大学的约翰·米歇尔教授在研究磁力的时候，使用了一种很巧妙的办法，测出了力的微小变化。"

卡文迪许听了高兴地两手一拍："太好了，我马上就去拜访他。"

在米歇尔教授的实验室里，当看见米歇尔用石英丝发生扭动来测定磁引力的大小时，卡文迪许深受启发。一回到自己的实验室，卡文迪许就忙开了。

他用一根石英丝横吊着一根细杆，细杆的两端各安放着一只小铅球，另外再用两只大铅球分别接近两

卡文迪许

只小球。

卡文迪许小心翼翼地把大铅球向小铅球靠近，专注地看着石英丝的变化。可是，不管他如何重复这个实验，石英丝都不见有丝毫的摆动。

"奇怪！当大铅球靠近小铅球时，由于它们之间存在引力作用，必然使吊着的两只小铅球发生摆动。这样，我只要测出石英丝扭转的程度，就可以求出引力常数了。可是，为什么石英丝却没有变化呢？"卡文迪许陷入了困惑之中。那些日子，他没日没夜地在想，总希望能找到解决问题的新办法。

有一天，卡文迪许去皇家学会开会，一路走一路想。走到街心花园

时，他看见几个孩子在做游戏，他们每人手里都拿着一面小镜子，让太阳光反射到镜子上，用来照射对方的眼睛，被镜子照花了眼的孩子一边跑一边笑，那笑声使卡文迪许为之一震。他站在旁边默默地观察了半天，又意外地发现，只要小镜子一转动，远处的光点位置就会发生很大的变化。看着看着，他突然大叫一声："有办法了！"说完扭头就跑，连将参加的会议也忘得一干二净。

一回到实验室，卡文迪许便开始紧张的忙碌起来。他在垂吊的石英丝上巧妙地安上一面小镜子，把一束光线照射到镜子上，镜面再把光线反射到一根刻度尺上。

这样，一旦石英丝发生极微小的扭动，反射在刻度尺上也会相应地比较明显地移动。

根据这个实验，卡文迪许终于在1798年测出了两球之间的引力，求得了万有引力常数，它与今天用先进手段测得的数值几乎完全一样。

卡文迪许随即根据万有引力公式，把这个万有引力常数套入公式中，终于计算出地球的重量是60万亿亿吨。

卡文迪许是世界上第一个测出地球重量的人。

电梯发明的故事

任何一个现代化的城市，高楼林立大厦成群，然而每幢高楼大厦中都少不了垂直交通工具——电梯。它给人们带来了方便，也促进了高层建筑的发展。

虽然电梯是近代科技的产物，但电梯的祖先却早就有了。据历史记载，在公元前1世纪，罗马的建筑师就利用升降台上下垂直运输货物与人了。当然这种升降台非常简陋。它是用人力、畜力或水力通过滑轮来操纵的，最简单的就是用绳索把吊篮吊着上下升降。

后来人们发明了一种平衡锤吊运重物的方法。例如，在绳子的一头系着一个容器，绳子的另一头绕过顶上的滑轮系着一个平衡锤。你往容器里装进准备提升的货物或者坐上乘客，只需把容器里的沙袋扔掉，另一头沉重的平衡锤就会下降。这样就可以把货物或人向上提升。

蒸汽机的发明给人们带来了新的设想：能不能利用蒸汽的力量，制造一种可上下垂直运输货物的工具呢？19世纪初，出现了一种水压升降机，它是用一只液压缸、活塞当作升降台，蒸汽机把水打到液压缸里，活塞就升高；若打开阀门把水放出，则活塞就下降。但利用蒸汽机工作，设备笨重，操作起来十分不便，而且利用这种水压升降机来运输货物，升降的高度也是很有限的。

直到1850年，有位名叫沃特曼的美国人对升降机作了一次大改进。他不再使用水压机，而是用一种称之为卷扬机的机器来代替它。缆绳的一头系着升降台，另一头卷绕在卷扬机的圆柱形滚筒上。卷扬机一开动，滚筒朝着一个方向旋转，缆绳带着升降台上升；卷扬机朝相反方向旋转，缆绳就放开，升降台就下降。沃特曼首先在纽约的曼哈顿仓库里安装了这台卷扬升降机，用来垂直运输货物。这种简易升降机可以说是现代化自动电梯的雏形。

沃特曼发明的卷扬机虽然较前有很大的进步，但也有一个致命的弱点，那就是不够安全。万一缆绳突然断了，升降台从几十米高空摔下来，岂不人亡货毁？因此人们对这种电梯还不敢贸然采用。要使这种电梯打入市场，为大家所采用，必须提高它的安全可靠性。

1852年，美国纽约一位技师奥的斯对沃特曼的卷扬机作了重大改进，发明了世界上第一台安全电梯。奥的斯在升降台的升降途中安置了两根导轨，使升降台在两根导轨之间平稳地移动。同时他又在升降台上安装了一种保险装置——使缆绳连着两个金属爪和一根弹簧，万一缆绳突然断裂，拉力松弛，弹簧马上会使金属爪弹出，牢牢地嵌进导轨上的齿槽里，不让升降台跌落。

为此，奥的斯创办了奥的斯电梯公司。尽管奥的斯电梯安全可靠，可除了少数几家工厂购买外，纽约市和其他地方没有一家办公楼、旅馆购买它作为载人电梯。奥的斯深知要想让这种电梯为人们所接受，首先要让人们相信他的电梯是完全可靠的。为了让人们真正信服，他特意安排在美国商品博览会上当众表演，让人们亲眼目睹他的载人电梯的确安全可靠。

在博览会上，奥的斯走进电梯，亲自按动电纽，电梯徐徐上升，当升到距地数十米高的地方时，他亲自令助手将缆绳砍断。随着缆绳的断落，围观的人群中发出了一阵尖叫，观众的心似乎与断缆一起掉下来。但是，奥的斯的安全装置即刻发挥作用，升降台一下停住，悬在半空中，人和机器都安然无恙。在人们的欢呼声中，身穿黑色燕尾服的奥的斯在半空中摘下帽子，向观众躬身说道："女士们，先生们，一切平安。"

1853年纽约世博会奥的斯当众砍断升降机缆绳

1857年，奥的斯在纽约豪华特百货商店安装了世界上第一台商用电梯。电梯的速度并不快，1分钟只上升12米多一点，但毕竟非常新奇，何况又有经过考验的安全装置，所以人们竞相试着乘坐，不久便风靡一时。据报道，这台电梯一直使用到1984年，共使用了127年之久。

自从第一台电梯问世以来的一百多年中，人们对它又不断地作了改进，使它更安全，更舒适，更快捷。电梯已成为现代建筑不可缺少的组成部分。

1915年出现了自动调平技术，利用它可使电梯准确地停靠在任何一层楼面。19世纪50年代，电梯的自动化程度已很高，几乎可以不需要操作人员了，做到了召之即来，来之能上，要到哪一层就送你到那一层。这一切只要按一下电钮即可。

现代电梯的升降速度大大提高，每分钟可达三四百米，比奥的斯第一台电梯快三四十倍，100层的高楼1分钟就能到达。由于无级变速电动机的发明以及电子技术的应用，即使速度变化很大，乘在电梯中的超重与失重已被减小到最低限度，甚至感觉不到，这样乘坐起来就非常舒服了。